«Allison Shapira no ⌐ ▬▬▬▬▬▬▬ ▬▬...▬▬▬▬o en una experta oradora, sino en una de las mejores instructoras de oratoria de los Estados Unidos. En su nuevo libro, Allison presenta una hoja de ruta clara y práctica para quienes quieren tener un impacto en el ruidoso mundo de nuestro tiempo. Si quieres destacarte sobre la marcha, lee esto, aplícalo y léelo de nuevo».

DAVID GERGEN,
veterano analista político de la CNN,
profesor de servicio público de la *Harvard Kennedy School*
y exconsejero de la Casa Blanca para cuatro presidentes.

«Allison puede demostrar, y lo ha probado, que cualquiera puede aprender a dirigir; todo empieza con tus palabras».

JORDAN HEWSON,
fundadora de *Speakable*

«Si quieres mejorar tu oratoria, dedícale algunas horas al libro de Allison. Está lleno de buenos consejos y trucos del oficio que te ayudarán a mejorar tus destrezas».

DAN HEATH,
coautor de *Made to Stick* y *The Power of Moments*

«La chispa de *Habla con impacto* está en su genial sencillez. Las lecciones de Allison son específicas, prácticas y transferibles por naturaleza. Con su ayuda, he podido equipar a mi equipo con unos recursos que les permite mejorar sus presentaciones y desarrollar una sólida confianza para hablar en público».

DEBORAH DUGAN,
presidenta ejecutiva de (RED)

«Allison escribió una guía práctica y sensata para hablar en público que aporta al lector una serie de eficaces recursos aplicables a cualquier presentación u oportunidad de hablar. Allison combina con éxito la historia de su voz con elementos clave que me parecieron increíblemente útiles».

BRUCE SOLL,
vicepresidente y consejero de asuntos empresariales de *L Brands*

«El nuevo libro de Allison Shapira trata tanto de hablar en público como de liderazgo. Allison nos estimula a hacernos preguntas difíciles: ¿qué queremos conseguir?, ¿quiénes son nuestros oyentes?, ¿por qué deberían escucharnos? Y después nos lleva a analizarnos y a poner a prueba nuestros mensajes con el público. ¡Me hubiera gustado haberla conocido hace años!».

GERALDINE LAYBOURNE,
empresaria de medios y tecnología, prime
presidenta de *Nickelodeon* y cofundadora de *Oxygen*

«Leer *Habla con impacto* es como tener una sesión particular con un maestro de la oratoria. Los consejos prácticos y la perspicacia de Allison Shapira se captan en cada página, y les darán confianza a los oradores novatos y mayor seguridad a los veteranos».

JEFFREY SEGLIN,
director y profesor del programa de comunicaciones
de la Harvard Kennedy School

«De manera hábil, Allison atrae la atención de su público con profesionalismo, gracia, humor y perspicacia. A través de *Habla con impacto*, proporciona recursos pragmáticos, consejos prácticos y ejemplos que ayudarán a los lectores a desarrollar habilidades poderosas para hablar en público».

ZOË DEAN-SMITH,
vicepresidenta de empoderamiento económico
y desarrollo empresarial de *Vital Voices Global Partnership*

Habla con IMPACTO

Cómo ganarse al público
e influir en los demás

Allison Shapira

Unilit

Publicado por
Unilit
Medley, FL 33166

© 2020 Editorial Unilit
Primera edición: 2020

© 2018 Allison Shapira
Título del original en inglés: *Speak with Impact*
Publicado por *HarperCollins Leadership*, un sello de *HarperCollins Focus*, LLC.

Traducción: *ProduccionEditorial.com*
Edición: *Nancy Pineda*
Diseño de cubierta e interior: *Digitype Services*

Producto: 495921
ISBN: 0-7899- 2469-2 / 978-0-7899-2469-8

Categoría: Vida practica / Negocio y liderazgo
Category: Business / Leadership

Impreso en Colombia
Printed in Colombia

Contenido

Agradecimientos

Aunque escribir un libro puede ser un proceso solitario, para publicarlo hace falta un equipo. Desde la realización de investigaciones hasta el intercambio de consejos y la retroalimentación, en este libro se puede ver, sentir y escuchar a un número significativo de personas.

Gracias a Anthony Mattero de CAA, cuyos expertos consejos me han guiado a lo largo de todo el proceso, y a Ellen Kadin, quien reconoció la necesidad de este libro y se arriesgó con una autora poco conocida. Gracias a Jeff Farr de Neuwirth & Associates, y a Timothy Burgard y al equipo de liderazgo de HarperCollins por su colaboración y entusiasta apoyo.

Mis amigas y colegas Diana Mulcahy y Jennefer Witter me prepararon para el proceso de escribir el texto y siguen siendo mis referentes. Emily Adams revisó páginas con densos artículos académicos y no escatimó esfuerzos para verificar una estadística o simplificar un concepto. Jeffrey Seglin fue una constante fuente de sabiduría y paciencia con sus respuestas a mis incontables preguntas. La tutoría de David Gergen preparó el camino para muchas de las experiencias descritas en este libro. Arthur y Barbara Bushkin han sido increíbles promotores, tanto de este libro como de mi carrera. Mis amigos, colegas y mentores Paul Anghinetti, Margaux Bergen, Trudi Bresner, Marie Danziger, Timothy Patrick McCarthy y Jeanine Turner invirtieron muchas horas leyendo y analizando los manuscritos, además de hacerme sugerencias sinceras y prácticas.

Decenas de personas aceptaron que les entrevistaran o citaran, muchas son amistades o colegas, y algunas otras ni siquiera me conocen en persona: Sidd Chopra, Roger Courville, Jacki Coyle, Glenn Croston, Marshall Ganz, Hadas Golan, Kristi Hedges, Stephen Krupin, Timothy Moffett, Helen Moses, Tim Murphey, Scott Perlo, Mike Rayburn, Matthew Rees, Tamara Elliott Rogers, Olivia Schofield, Annette Simmons, Patrick Pendleton Smith, Bruce Turkel, David Wells y Gordon Whitman.

Muchos otros me brindaron un apoyo invaluable a lo largo de este viaje: Morra Aarons-Mele, Sedrick Banks, Kimberly Berger, Bill Cates, Barbara Day, Zoë Dean-Smith, Greg Dinkin, Deborah Dugan, Rob Eager, Gregg Gregory, Dan Heath, Jordan Hewson, Sabra Horne, Dara Iserson, Jinnyn Jacob, Marcus Johnson, Geraldine Laybourne, Brian Mandell, Raegan Moya-Jones, Arnold Sanow y Bruce Soll.

Estoy muy agradecida al estelar equipo de Global Public Speaking, especialmente a Meghan González y a Brittan Stockert: gracias por hacer que la empresa funcionara tan bien durante mi secuestro en el proceso de redacción de este libro.

A mis padres, Betty y Richard Greenspan, y a mis hermanos, Shaun, Peter y Scott: gracias por confiar durante los seis años en los que di un enorme salto de fe.

A los miles de mujeres y hombres con quienes he trabajado durante los últimos quince años, gracias por confiarme vuestros retos y objetivos, temores, inseguridades, esperanzas y aspiraciones. Vuestra disposición a ser vulnerables me mostró cuánto nos parecemos todos, y vuestras experiencias se han convertido en poderosas lecciones que servirán para enseñar y empoderar a personas de todo el mundo.

Introducción

Confesiones de una excantante de ópera

Discurría el año 1996 y yo estudiaba música en la Universidad de Boston. Era una joven estudiante de segundo año en el programa de canto y, aunque no lo sabía, estaba a punto de tener una difícil conversación con mi profesora de canto.

Estábamos en su oficina, en una de nuestras clases semanales: ella estaba sentada ante su piano de media cola, con una mano en el teclado y la otra recorriendo distraídamente las páginas de la revista *People*, como hacía a veces durante las clases. Yo estaba de pie, a poca distancia, en la curva del piano, esperando a que ella tocara una escala.

Después que terminó de tocar una de esas escalas, en medio de la lección, mi profesora de canto dijo algo con aire despreocupado que hizo que mi mundo se viniera abajo. Me dijo: «¿Sabes? Quizá debieras considerar otras posibilidades para una carrera musical que no sea la interpretación».

Yo había querido ser cantante de ópera desde que tenía trece años. Había estudiado en el programa de artes visuales e interpretativas del Instituto Booker de Sarasota, en Florida, y durante toda la adolescencia había sido una joven vocalista de alto rendimiento: compitiendo, cantando, estudiando y actuando. Me había formado en el programa de voz para artistas jóvenes de Tanglewood en Lenox, Massachusetts, y estaba a punto de participar en un programa estival del prestigioso Curtis Institute of Music de Italia.

Y ahí estaba yo, una aspirante a cantante de ópera en la Universidad de Boston, y mi mentora y profesora (una de las personas más influyentes de mi vida) me estaba diciendo que no era lo suficientemente buena para abrirme paso como profesional.

A decir verdad, una parte de mí sabía que aquel momento iba a llegar. Me había pasado toda la vida centrada en la interpretación. Pero, al llegar a la universidad, algo había sucedido: empecé a perder la pasión por cantar. Mis profesores decían que me veían distraída con asuntos como las relaciones internacionales, la astrofísica y los idiomas. Día tras día me sentía confinada en una sala de práctica subterránea, del tamaño de un armario, tocando el piano o cantando mientras soñaba con viajar por el mundo. Mi mente estaba en cualquier lugar menos en aquella diminuta habitación; cantar se había convertido en una obligación.

Es cierto que cuando mi profesora de canto sugirió que no era lo bastante buena como para ser cantante de ópera me sentí desolada, pero también liberada. Sin los estrictos límites de la música clásica, podía decidir ser cualquier cosa en la vida. El problema era que no tenía ni idea de qué. Cambié de carrera y dejé de cantar durante más de una década. Iba a tardar todo este tiempo en encontrar mi voz.

De cantar a hablar

Me gradué en la universidad con una especialización en Italiano y Literatura. «¡Qué título tan práctico!», recuerdo que me dijo mi padre con ironía, pero cariñosamente.

En aquel tiempo no se me ocurrió que podría usar de nuevo mi formación vocal. Pensaba que esta quedaría relegada a algo anecdótico durante los rompehielos empresariales o que sería mi arma secreta en los karaokes. Pronto descubriría que me equivocaba.

Uno de mis primeros trabajos después de la universidad fue en el Consulado General de Israel, en Boston. Era una empleada norteamericana trabajando con el personal de relaciones públicas de un gobierno extranjero. Pronto vi que tenía que dirigirme a menudo a grupos de personas y hablar en nombre de un gobierno extranjero durante un periodo muy turbulento en Oriente Medio.

Estaba aterrorizada. Nunca había dado un discurso en mi vida; para ser más exacta, mi primer y último discurso había sido durante mi Bat Mitzvah, en la misma época en que había comenzado a cantar.

Era un contraste sorprendente: era capaz de ponerme un vestido de gala verde con brillantes y salir ante dos mil personas con toda naturalidad y confianza para interpretar un aria de Mozart. Sin embargo, la idea de ponerme ante un público sin música de fondo, para transmitir algo que *yo había escrito*, me producía pánico.

Preguntando por ahí, escuché hablar de *Toastmasters International*, cuyos miembros se reúnen para practicar sus capacidades oratorias y de liderazgo en una atmósfera segura y cómoda[1]. Me hice miembro del Boston Toastmasters Club y comencé a asistir a sus reuniones cada dos meses. A medida que aprendía ciertas técnicas de comunicación pública (como el contacto visual, el lenguaje corporal y la variedad vocal) me di cuenta de que *ya las conocía*. Mi formación operística me había enseñado a sentirme cómoda en un escenario. Sabía crear una conexión emocional con mis oyentes. Sabía usar la voz para proyectar poder, confianza y autoridad. Ya tenía presencia escénica: solo tenía que convertirla en presencia ejecutiva.

Puede que lo más importante fuera que sabía cómo formar a otras personas. Los aspirantes a cantar ópera pasábamos mucho tiempo preparándonos unos a otros en cuestiones de pronunciación, postura y respiración. Durante mis años de formación había desarrollado ciertas dotes analíticas para observar a las personas y una forma muy diplomática de hacer comentarios constructivos. Sabía escuchar con paciencia y concentración para captar sutiles cambios vocales y movimientos corporales que potenciaban o entorpecían la interpretación.

Había, naturalmente, importantes diferencias entre hablar y cantar. Cuando cantaba, interpretaba la música de otras personas: Mozart, Puccini, Schubert... Contaba con música de fondo para no desviarme y un director que interpretaba el mensaje del compositor.

Ahora, en el consulado de Israel, tenía que escribir lo que iba a decir en público y después asumir la responsabilidad de mis mensajes. Y todo ello en el nombre de un gobierno extranjero, en un momento de conflicto en Oriente Medio, ¡y con veintitrés años! Nunca había trabajado en relaciones internacionales y me sorprendían las viscerales respuestas (tanto positivas como negativas) a mis discursos. Antes de mis comunicados estaba nerviosa y preparada para lo peor.

Tuve que aprender a usar recursos de redacción de discursos como la transmisión, la estructura o la persuasión. También aprendí a prepararme para responder a las difíciles preguntas de oyentes hostiles. Aunque ya me expresaba con naturalidad, tenía que pasar por la tremenda curva de aprendizaje de la creación de contenido.

Mediante la formación con *Toastmasters* y el ensayo y error (mucho error) en mi trabajo del consulado, mi oratoria mejoró rápidamente. Pronto me encontraba escribiendo discursos para diplomáticos e instruyéndoles en técnicas de oratoria. Cuando una urgencia de última hora les impedía impartir un discurso, era yo quien lo hacía en su lugar. Me convertí en la presidenta del Club Toastmasters de Boston.

Un día recibí un correo electrónico que cambió la trayectoria de mi carrera profesional. Una mujer me escribió diciéndome que su jefe (un médico que dirigía una organización local sin ánimo de lucro) tenía que impartir una importante presentación.

Su pregunta era si en *Toastmasters* podíamos ayudarlo.

Le respondí que claro que sí y le propuse que su jefe se uniera al club, viniera a nuestras reuniones y practicara discursos cada mes.

—Con el tiempo —le dije alegremente—, ¡mejorará muchísimo!

—No, no me estás entendiendo —repuso ella—. Tiene que hablar este mismo martes. ¿Conoces a alguien que pueda venir a su oficina y ayudarle a prepararse?

Me lo pensé un momento y le dije:

—De acuerdo. Por una módica tarifa por horas, creo que podré ir a la oficina de tu jefe y ayudarle a prepararse. Pero no sería a través de *Toastmasters*.

Una semana más tarde, con mi primer cheque como asesora en comunicación, hice un importante descubrimiento como empresaria: *poseía un conocimiento muy valioso por el que otras personas estaban dispuestas a pagar*. Aquella noche diseñé mis tarjetas de presentación y, lentamente, durante los siguientes quince años, fui desarrollando este negocio.

Encontrar mi voz

Durante una década, cantar había sido algo muy útil durante los rompehielos y mi divertida arma secreta en los karaokes. En el año 2004 llegué a cantar el himno nacional para los Medias Rojas de Chicago en Fenway Park. Pero yo quería más.

Echaba de menos cantar y actuar. Pero lo que realmente me apetecía cantar no era ópera, sino la música folk de los 60 que mis padres escuchaban durante mi infancia: Joan Baez, Bob Dylan y Judy Collins. Cuando me relajaba un poco, cantaba folk.

Así, en 2011, cuando me gradué en la *Harvard Kennedy School* con un máster en Gestión pública, empecé a cantar folk en las noches de micro abierto por la zona de Boston y Cambridge, Massachusetts. Un amigo me prestó una guitarra y tomé algunas clases de acompañamiento en línea.

La combinación de voz y guitarra se convirtió en algo mágico: de repente podía tocar y cantar casi cualquier canción del mundo. Y me sentía libre.

La música folk no era la ópera estructurada y perfeccionista que todos se empeñaban en hacerme cantar, donde el intérprete se debe a la batuta del director, está obligado a respetar escrupulosamente las pautas del compositor y es evaluado según la perfecta afinación de un solo tono o la correcta pronunciación de una vocal italiana.

En el folk podía cantar las canciones que quisiera, del modo que quisiera y *sin tener que hacerlo todo perfecto*. A nadie le importaba que me comiera una consonante aquí o allí; de hecho, lo que impresionaba a mis oyentes era que podían entender la letra de las canciones. Lo que exigían era autenticidad, no perfección. Me sentía empoderada e inspirada. Liberada de las cadenas de la ópera, comencé a escribir algunas canciones. Un año después de aprender a tocar la guitarra, publiqué un álbum de canciones escritas por mí. Había encontrado mi voz.

Ayudar a otros a encontrar su voz

Lo que creí que iba a ser una interesante carrera secundaria en el ámbito del folk tuvo un efecto esencial en mi trabajo como asesora en comunicación pública. Tras haber encontrado mi voz, ahora quería ayudar a otras personas a encontrar la suya cuando hablaban en público. En lugar de crear un falso personaje basado en lo que pensaban que deberían ser, quería ayudarlas a conectar con su impulso natural y a controlar, después, este impulso para hablar con poder y autenticidad. Sabía que era así como tendrían un impacto positivo en otras personas.

En el año 2012 di un salto de fe. Tras diez años de enseñar oratoria a tiempo parcial, decidí trasladarme a Washington D. C. y lanzar un negocio de plena dedicación. Me trasladé a D. C. sin tener un solo cliente, pero con una red de amigos, antiguos compañeros de clase y colegas que me apoyaban. Al finalizar el primer año tenía más de treinta clientes. El negocio creció tan rápidamente que contraté a un equipo de formadores y mentores que pudieran ayudar incluso a más personas.

A lo largo de los años he tenido oportunidades increíbles de enseñar oratoria y técnicas de presentación en lugares como la Harvard Kennedy School y la Universidad de Georgetown, para el Gobierno de los Estados Unidos y de otros países, y para empresas de Fortune 500 de todo el mundo. He tenido el honor de trabajar con organizaciones sin ánimo de lucro como *Vital Voices Global Partnership*, viajando por todo el mundo para enseñar técnicas de comunicación a empresarias, candidatas a ocupar cargos públicos o a mujeres que inician organizaciones sin ánimo de lucro.

He trabajado con grupos y particulares en África, Europa, Asia, América del Sur y Oriente Medio, y he impartido clases en aulas con personas de veinte nacionalidades distintas. Soy testigo de que, por todas las regiones del mundo, las personas luchan con los mismos temores: ponerse delante del público, olvidar lo que tienen que decir o no dar la talla. También las he oído expresar los mismos deseos de poder plantarse, confiadas, ante sus oyentes, de hablar con el corazón y de conseguir que pasen a la acción. Y, aunque he visto que los contextos difieren mucho de un país a otro, el proceso de preparación para hablar en público es el mismo. Es posible que las tonalidades de la voz sean distintas en cada idioma o que la gestualidad esté condicionada por la cultura de nuestros oyentes, pero todos tenemos la necesidad de dedicar tiempo a prepararnos y practicar. En todos los ámbitos y sectores comerciales, en todos los niveles de experiencia, hay una insaciable necesidad de desarrollar capacidades para hablar en público. Sentimos la necesidad de relacionarnos con los demás porque es esta conexión la que nos hace sentir humanos.

Casi todas las personas con las que he trabajado tenían un intenso deseo de autenticidad y realización personal. Cuando las instruía a hablar en público, no estaba enseñándoles meramente a redactar discursos concisos o a hacer un uso eficiente del lenguaje corporal. Mis sesiones y trabajo de *coaching* se convirtieron en una forma de ayudar a los demás a descubrir su verdadera identidad, a conocer el motivo de su llamado a hablar y a ver de qué forma podían tener un impacto en su mundo. Muchas personas tienen algo que decir, pero carecen de las capacidades o del valor para hacerlo. Hablar en público requiere, pues, algo más que el mero desarrollo de ciertas técnicas; es una parte muy importante del desarrollo del liderazgo.

A medida que las personas van ascendiendo a posiciones de liderazgo de mayor responsabilidad y experiencia, pasan más tiempo comunicándose con otras personas: empoderando, motivando, negociando y marcando pautas con su ejemplo. Estas personas se enfrentan a apremiantes desafíos sociales, medioambientales, económicos y políticos en sus comunidades y en el mundo en general. En un mundo aquejado por un creciente número de crisis, invariablemente acabamos preguntándonos cómo podemos cambiar las cosas. Si el liderazgo consiste en unir a un grupo de personas para conseguir unos objetivos comunes, podemos entonces ser líderes en el trabajo, en nuestras comunidades o a nivel global. Y esto empieza por expresar nuestra opinión.

Habla con impacto: Cómo ganarse al público e influir en los demás te ofrece recursos para desarrollar tu confianza y encontrar tu voz. En sus páginas encontrarás estrategias, historias y ejercicios que te guiarán durante el proceso de redactar, practicar e impartir un discurso o presentación, o a la hora de tener conversaciones importantes. Esta obra presenta algunas de las soluciones más innovadoras desde los ámbitos de la música, la comunidad académica y el mundo empresarial. Contiene pasos prácticos e inmediatamente aplicables que los profesionales pueden usar para mejorar sus técnicas oratorias, incluso en días de frenética actividad y prioridades contrapuestas, con recursos y consejos para maximizar el tiempo y crear un mensaje potente e impactante que inspire a sus oyentes a pasar a la acción.

Desde cómo redactar un discurso en treinta minutos hasta un proceso más detallado para abordar la preparación de algunos de los discursos más importantes de tu carrera profesional, este libro se apoya en la experiencia de mi trabajo con hombres y mujeres en todas las etapas de su vida, en docenas de países y sectores de todo el mundo. Sin embargo, yo no soy la única fuente de conocimiento de este libro que aporta también las opiniones de otros expertos (en oratoria y otros campos) y numerosas lecciones que me han enseñado mis estudiantes. Además, presento lo que mi equipo y yo hemos aprendido de nuestros clientes, y también hablaré de «nosotros» al aludir a los otros expertos formadores de *Global Public Speaking*.

Este libro te ayudará también a desarrollar tu presencia ejecutiva, un aspecto que puede ser un lastre para tu carrera o catapultarte a la cima de tu organización. Sea cual sea tu trabajo, edad o años de experiencia, tus capacidades para expresarte bien bajo presión y desarrollar relaciones personales de confianza con quienes te rodean son elementos cruciales para la eficiencia en tu liderazgo en cualquier situación.

En la primera mitad de este libro, presento un camino para que puedas conectarte con tu impulso para hablar y preparar contenido auténtico y genuino. Te guiaré por un proceso de redacción, revisión y práctica de tu mensaje. Te ofrezco recursos para conectar con tus oyentes y asegurarte de que tu lenguaje no verbal se corresponde con tus palabras. Te enseñaré técnicas de respiración de cantante de ópera con las que calmar los nervios y reforzar la voz. En la segunda mitad del libro, analizaremos distintos contextos comunicativos que pueden presentarse, desde paneles hasta encargos de conferencias, y te ofreceré técnicas específicas para controlar dichas situaciones. Y, finalmente, te invitaré a pasar a la acción explicándote cómo usar estas capacidades mientras avanzas.

He añadido también otros recursos a mi página web. A lo largo del libro, el icono ⊕ indica que hay más información, recursos y vídeos disponibles sobre un determinado aspecto en www.speakwithimpactbook.com, y el icono 🎙 te dirige a aquellos ejercicios a los que puedes regresar para practicar.

Guarda este libro en tu escritorio o en tu casa y recurre a él cuando quieras usar la voz para tener un impacto en el mundo que te rodea. Ya sea que tengas que preparar una presentación en tu primer trabajo tras la universidad o dirigirte a toda la empresa en tu nueva función como director ejecutivo, este libro te ayudará en cada etapa del proceso.

Hablar en público no consiste en levantarte y leer un guion, sino en buscar en lo profundo de tu interior y preguntarte qué quieres decir y quién debe escucharlo, para reunir luego tu confianza y capacidades y dar un discurso potente, oportuno y auténtico. Por último, hablar en público consiste también en tomar medidas basándote en tus ideas; es ejercer un liderazgo con la voz (defendiendo tus ideas, visión, organización o comunidad) y persuadir a los demás para que se unan a ti en pos de un objetivo común.

Independientemente de dónde vivas, de lo que hagas o de la etapa de tu carrera profesional en la que te encuentres, *tienes algo importante que decir y el derecho a hacerlo.*

Cuando conectamos con lo que verdaderamente nos mueve, encontramos el valor para decir lo que pensamos y actuamos en consecuencia, tenemos un impacto positivo y poderoso en el mundo que nos rodea.

CAPÍTULO 1

Antes de hablar

¿Qué es hablar en público y dónde tiene lugar?

CÓMO USAR ESTE LIBRO

Este libro ha sido concebido para guiarte por el proceso de escribir, practicar y dar un discurso o presentación frente a cualquier público. En la primera mitad presento sucintamente el proceso que he desarrollado durante los últimos quince años. En la segunda te preparo para actuar en distintas situaciones comunicativas, desde moderar un panel hasta improvisar una charla.

Identifica una ocasión en la que vas a tener que hablar y usa este libro para prepararte. Si no tienes ninguna ocasión a la vista, la sección «Encontrar oportunidades para hablar» te ayudará.

Busca a un compañero con quien puedas practicar lo que vayas aprendiendo en este libro. Debería ser alguien de confianza que pueda hacerte comentarios sinceros: un amigo, familiar o colega. Comenta con esa persona tus objetivos y temores respecto a hablar en público y practica tus discursos con ella a lo largo de todo el proceso de elaboración. Puesto que hablar en público tiene que ver con el impacto que tenemos en quienes nos escuchan, es importante que practiques tus discursos con otras personas para asegurarte de que dicho impacto se produce.

Por otra parte, podrías crear un grupo de trabajo para leer y estudiar este libro de forma conjunta. Lean un capítulo antes de cada encuentro y reúnanse luego para practicar juntos lo que van aprendiendo y, después, aplicarlo a sus próximos discursos. Celebren juntos sus progresos y éxitos.

Utiliza este libro como un manual práctico para desarrollar tus capacidades. Escribe en él, subráyalo y dobla sus páginas o toma notas en tu copia digital. Su propósito es que te sirva de ayuda una y otra vez. Muchas secciones terminan con un ejercicio de aplicación directa a tu discurso o presentación. Cada vez que tengas que dar un discurso puedes realizar rápidamente los ejercicios para prepararte.

No intentes leer todo este libro de una sentada. Como verás en el capítulo 3, escribir es un proceso interactivo. Pasa algún tiempo leyendo y escribiendo y haz una pausa. Aprenderás la gran importancia de detenerte y respirar en el capítulo 7; aparte de ser una buena técnica para evitar el uso de palabras de relleno y dar tiempo a tus oyentes para absorber el mensaje, detenerte y respirar es una filosofía para calmar el nerviosismo y vivir la vida.

VISUALIZA TU OBJETIVO

Si has optado por un ejemplar de este libro en audio, cierra los ojos y escucha este párrafo. Si lo estás leyendo, tan pronto como acabes este párrafo, cierra los ojos y visualízalo: *Estás a punto de pronunciar un discurso. Estás nervioso, pero te sientes entusiasmado y preparado. Te diriges al estrado con confianza y convicción. Miras a tus oyentes, haces una pausa, respiras hondo y pronuncias una primera frase que cautiva la atención de la audiencia. Expones un mensaje importante y persuasivo que conecta con tus oyentes y les haces pensar de manera distinta sobre el mundo. Algunos de ellos asienten y otros toman notas. Estás hablando en un tono genuino y cálido que hace sentir a los demás que están en una conversación; como si fueras la misma persona en el escenario que fuera de él. Estás usando ejemplos personales que ilustran tu mensaje principal y contienen una llamada a la acción que pone de relieve su urgencia. Terminas el discurso con un fuerte aplauso del público y una sensación de entusiasmo y satisfacción personal. ¡Lo has conseguido!*

¿Cómo te sientes? Imagino que, si esta fuera tu experiencia, te sentirías lleno de fuerzas, entusiasmado y útil. Así es exactamente como me gustaría que te sintieras si estuvieras dirigiéndote a una plataforma o a una sala de conferencias. Esta es la razón por la que he escrito este libro.

DEFINICIÓN DE HABLAR EN PÚBLICO

¿Cuál es la diferencia entre hablar en público y hacer una presentación?

«Yo no hablo en público, pero hago presentaciones cada día».

Cuando una mujer me dijo exactamente esto hace muchos años, la miré sin acabar de entenderla. Me di cuenta de que podíamos tener distintas definiciones del mismo concepto.

Cierra los ojos e imagínate a alguien que está «hablando en público». ¿Dónde está? ¿Qué esrá haciendo? Es muy probable que hayas visualizado a una persona sobre una plataforma, dirigiéndose a una enorme multitud. En la audiencia no se oye ni una mosca mientras la persona en cuestión se aclara la garganta y se prepara para hablar. Es posible que frente a sí tenga un guion; puede que use un micrófono. Se trata de un discurso formal, en el que todo está planeado.

Los discursos formales son sin duda una manera de hablar en público y también lo son las presentaciones. Estas últimas suelen producirse en un entorno menos amplio como una sala de conferencias, el conferenciante a menudo usa ayudas visuales o folletos y el objetivo es más informativo que inspirador. Estas dos formas de expresión pública pueden también coincidir en algunos sentidos. Las presentaciones pueden ser inspiradoras y los discursos, informativos. Cada vez que comunicas algo, tienes la oportunidad de influenciar a otras personas y tener un impacto en ellas.

En mi opinión, *cada vez que uno se dirige a un público de al menos una persona, con un propósito determinado*, se está hablando en público. Es algo que hacemos cada día en el trabajo y en casa. Es un discurso, presentación o conversación, y puede llevarse a cabo en persona, por teléfono o en vídeo. ¿Por qué usar una definición tan amplia? Porque si definimos hablar en público como dirigirnos a una audiencia atenta con determinados comentarios formales, estaremos descuidando las oportunidades diarias que tenemos para conectar con otras personas, inspirándolas e influyendo en ellas.

Piensa por un minuto en la clase de comunicación en la que hablas con una persona o más, con un objetivo determinado. Puede ser una entrevista para el trabajo de tus sueños o proponiéndole un proyecto a un cliente, un contacto, un inversor o un mecenas. O quizá se trata de una difícil conversación con un subordinado directo o de un mensaje dirigido a todas las delegaciones de la empresa en distintas zonas horarias. Puedes dar una conferencia telefónica o dirigir un seminario virtual por internet. O puede que te estés presentando a unas elecciones para un cargo político, que intentes unir a tu comunidad para que actúe en una determinada dirección, que seas el orador en una conferencia o que estés a punto de hablar en un encuentro de *networking*. En cada una de estas situaciones, estás hablando con una o más personas con un propósito determinado. Estás hablando en público y tienes una oportunidad de causar un impacto.

Desde el día en el que aquella mujer me dijo eso de «Yo no hablo en público, pero hago presentaciones cada día», he utilizado ambas expresiones juntas. No lo hago porque *yo* crea que sean cosas distintas, sino porque *tú* puedes creerlo. Y una de las primeras lecciones sobre hablar en público es conocer a tus oyentes y sus suposiciones. Si hablas de «técnicas de presentación», esa es entonces la frase que yo usaré para captar tu atención en lugar de intentar convencerte de que mi expresión es más inclusiva. Este libro cubrirá todas estas cosas.

Lo hacemos en todo el mundo

No importa el país en el que vivamos, qué idioma hablemos, en qué sector trabajemos o la etapa profesional en la que estemos: todos hablamos en público. Hablar en público es una de las formas más poderosas y antiguas de conectar con los demás.

He trabajado con economistas armenios, banqueros de inversión británicos, diplomáticos israelíes, emprendedores japoneses, inversores palestinos y empresarias argentinas, ruandesas o afganas. En este libro hablaremos de los aspectos universales de hablar en público y de lo que es específico, culturalmente hablando, para que tú puedas dar un potente discurso en inglés, árabe, español o quiñaruanda.

¿Es hablar *a* las personas o *con* ellas?

A muchas personas no les gusta hablar en público porque detestan ser el centro de atención o porque no les gusta sermonear a nadie. Tengo buenas noticias para ellas: no se trata de ser el centro de atención. Los discursos deberían sonar como una conversación entre quien lo pronuncia y cada persona de la audiencia, por numerosa que esta sea.

Como veremos más adelante, cuando nos centramos en el mensaje en lugar de en el mensajero, nuestro nerviosismo disminuye mucho. El centro de atención no somos nosotros sino el *contenido* de lo que decimos, y *nuestros receptores* se convierten en el objetivo.

¿Habilidad o talento?

Muchas personas se excusan alegando que hablar en público es un talento con el que no han nacido. Mi experiencia y la de mis clientes me han enseñado que hablar en público es una habilidad que puede desarrollarse. De hecho, esta es una convicción esencial sobre la que he construido mi empresa. Aunque algunas personas pueden tener por naturaleza más facilidad que otras, es algo que todos podemos aprender con práctica e instrucción. Es, por tanto, una serie de técnicas que tú puedes aprender y dominar, y que este libro te ayudará a desarrollar.

¿Contenido o estilo?

Hablar en público no consiste en envolver un mensaje aburrido con gesticulación llamativa o una sonrisa encantadora. Tiene que ver, ante todo, con preparar un mensaje persuasivo y relevante para ti y para tus oyentes. Pero después se trata también de impartir el mensaje de un modo que atraiga la atención de los oyentes, usando un lenguaje corporal y un contacto visual que realcen el discurso en vez de obstaculizarlo. Es cuestión *tanto* de sustancia y contenido *como* de estilo y forma.

Imaginémonos a una persona que presenta un mensaje con un gran contenido pero sin estilo. Sabe todo lo que hay que saber sobre el tema y ha preparado un buen mensaje. Sin embargo, se sumerge en sus notas, que lee palabra por palabra con una entonación insípida y sin vida. ¿Crees que captará tu atención? ¿Escucharás todo su mensaje? ¿O es más probable que tu mente se desvíe a las cosas que tienes pendientes aquel día o a qué hora tienes que recoger a los niños?

Pensemos ahora en una persona que se expresa muy bien, pero que lo que dice es sumamente superficial. Sonríe con gracia a los oyentes, se mueve con desenvoltura por el escenario y habla con una voz cálida y sonora. Contacta visualmente con su público y hace pausas para asegurarse de que este absorbe el mensaje. El problema es que no hay mensaje: habla de tópicos que todo el mundo conoce y no presenta un solo argumento persuasivo. De hecho, hace rato que te preguntas de qué está hablando exactamente. Hay un divertido ejemplo de esto en www.speakwithimpactbook.com. ⊕

Sea en una sala de conferencias o sobre un escenario, cuando combinas un potente mensaje con una exposición atractiva y sincera, captarás la atención de tus oyentes y los motivarás a escuchar. Conectarás con ellos a nivel personal, lo cual hará que te muestres como un ser humano. Esto desarrolla la confianza con tus oyentes porque demuestra lo mucho que tienen en común. Cuando haces esto, tus palabras tienen su máximo impacto.

Algunas personas minimizan la importancia de la comunicación no verbal. Algunos expertos te dirán que lo único que realmente importa es la fuerza de tus argumentos y la veracidad de los datos que presentas. No estoy de acuerdo. El profesor Alex «Sandy» Pentland, del laboratorio de las dinámicas humanas del MIT, explica que las señales no verbales son anteriores al lenguaje humano. Las personas conectamos mucho más rápido con estas «señas sinceras» que con el lenguaje verbal en sí. Así, aunque creamos que el contenido es lo único que importa, resulta que estamos leyendo estos indicadores antes incluso de que el orador haya dicho una sola palabra[1].

¿Por qué es importante hablar en público?

Si has comprado este libro seguramente tendrás ya una idea de por qué hablar en público es importante. Es posible que hayas quedado profundamente marcado por aquella primera experiencia que tuviste durante la secundaria o quizá fue la semana pasada, en una reunión con tus colaboradores; puede que te acaben de decir que tendrás que hacer un brindis en la boda de tu mejor amigo.

¿Y por qué dedicar todo el esfuerzo que supone aprender a hablar en público? ¿No es más fácil esconderse tras el correo electrónico o delegar la presentación a otra persona?

El discurso es uno de los recursos más potentes que tenemos los seres humanos. Es una de las formas en las que establecemos una relación de confianza con los demás: para conocer a alguien tienes que hablarle. En su estudio de equipos de alto rendimiento, el profesor Pentland descubrió que la conversación cara a cara era la forma de comunicación más valiosa[2]. Aunque podamos conectarnos digitalmente de muchas formas, no hay ningún medio de comunicación tan poderoso como una conversación personal, ya sea para aclarar una controversia, informar a los demás de un nuevo procedimiento o inspirar a un colectivo para que pase a la acción. Cuando un grupo de personas se sienta en el mismo espacio y vive la misma experiencia, se genera una energía en la sala, una especie de electricidad, y se forma un vínculo. Cuando *diriges* esta experiencia, estableces un nuevo nivel de conexión con las personas.

Este libro te ayudará a ganarte la confianza de tus clientes, tanto actuales como potenciales, y a moverte dentro de tu ámbito profesional. Te ayudará asimismo a manejar conversaciones difíciles y a dirigir a un equipo u organización, y también a desarrollar la confianza en ti mismo y a conectar con otras personas en un plano profundamente personal. Por último, te ayudará a transmitir tu conocimiento a la siguiente generación y a defender lo que crees.

ENCUENTRA OPORTUNIDADES PARA HABLAR

Cada día tenemos oportunidades para practicar la oratoria. Si todavía no eres un profesional experimentado, hablar con confianza te dará visibilidad y te ayudará a desarrollar una reputación dentro de tu organización. Si eres un veterano ejecutivo acostumbrado a delegar tus presentaciones a otras personas por temor e inseguridad, las oportunidades que mencionaremos a continuación te darán ocasión de retomar estos roles.

Oportunidades profesionales

Expresa tu opinión en una reunión: La forma más fácil y rápida de hablar en público es *expresar tu opinión* en una reunión o conferencia telefónica. Una veterana ejecutiva del mundo de la banca con la que trabajé me dijo que, al comienzo de su carrera, iba a todas las reuniones preparada para presentar sus ideas. Lo que hacía era preparar pequeñas listas de puntos para que, al hablar (aparentemente de forma espontánea), pudiera sentirse confiada y parecerlo. Aquella ejecutiva bancaria es ahora una oradora ejemplar en su organización.

Una y otra vez, cuando los encargados envían a sus subordinados directos a nuestros programas de formación, me dicen: «Si están presentes en una reunión, esperamos que hablen, no que se sienten en silencio». Entiende que, si se te ha invitado a una reunión, se espera posiblemente que participes.

¿Qué sucede si otra persona expone antes que tú algo que tenías en mente? En este caso, puedes referirte a lo que ha dicho la persona en cuestión y desarrollarlo. Yo lo llamo «elogiar y desarrollar», y es una táctica útil para interrumpir a alguien que se extiende exageradamente. Espera a que la persona en cuestión tome aliento y aprovecha el momento para elogiarla, desarrollar lo que está diciendo y reconducir la conversación.

Ofrécete de voluntario para presentar algo en una reunión: Sea cual sea el sector en que trabajes, las reuniones son oportunidades para presentar información. Dependiendo de cuál sea tu cultura laboral, te será *más fácil* o *más difícil* hablar delante de tus colegas. Muchos profesionales suelen decir: «No tengo ningún problema en hablarles a los clientes; esto es lo que he hecho a lo largo de toda mi carrera profesional. Pero siento verdadero terror cuando tengo que hablar delante de los líderes internos de la empresa». Sin embargo, los líderes de esa misma organización suelen decirnos: «¿Se han dado cuenta de lo nervioso que estaba durante su presentación en la última reunión? ¿Es así como se dirige a nuestros *clientes*?».

No importa quién esté presente en la reunión: las presentaciones son grandes oportunidades de construir y demostrar tu conocimiento. Si todavía no eres un profesional experimentado, hazle saber a tu superior que te gustaría participar en las presentaciones de la próxima reunión. Si te encuentras entre el personal directivo de categorías medias superiores, tienes una gran oportunidad de mostrar ante tus subordinados el comportamiento que esperas de ellos. Al hablar en estas reuniones, estás estableciendo el tono y transmitiendo el mensaje que te gustaría comunicar a los demás.

Ofrécete de voluntario para hablar en algún acto social: Muchas empresas con las que trabajamos animan a sus empleados a participar en organizaciones sociales en nombre de la empresa. Para estos empleados, esto es una oportunidad maravillosa de promover una buena causa y, además, promocionar su empresa. Dirigirte a esta clase de organizaciones en el nombre de tu empresa te da una oportunidad para hablar de algo en lo que crees sinceramente y, además, es una forma de ponerle un rostro humano a tu compañía.

Habla en una conferencia: No importa si te mueves en el campo de la neurociencia o en el de la logística de abastecimiento; hablar en una conferencia es una potente forma de elevar el prestigio de tu marca profesional y también de representar a tu empresa. ¡No es necesario que seas el orador principal! Puedes sentarte en un panel o dirigir una sesión temática.

Da tu opinión en una conferencia: Prepárate para hacer preguntas durante una conferencia. Es una gran oportunidad para practicar tus habilidades oratorias y también para ganar visibilidad. Prepara algunas preguntas en función del orador o el tema y escoge una de ellas según se desarrolle la presentación. Puede que alguien te aborde y te diga después: «Creo que has hecho una pregunta muy buena. ¿Podemos hablar un poco más al respecto?». O, mejor todavía: «¿Te gustaría trabajar para ayudarnos a resolver este reto?».

Dirige un seminario virtual: Si tu compañía no tiene presupuesto para viajes, dirigir un seminario virtual puede ser una forma maravillosa de practicar tus habilidades oratorias. Ofrécete para hablar de un proyecto reciente o de un nuevo acontecimiento de tu campo.

Dirígete a tus clientes: Si tu actividad dentro de la empresa es más interna, busca oportunidades para pasar a un rol más cercano a los clientes. ¿Puedes ayudar a tus compañeros cuando hacen llamadas a los clientes? ¿Puedes incorporar más actividades de desarrollo comercial a tu papel que te lleven a salir de la oficina para asistir a eventos? Tus reuniones con clientes reales o potenciales ofrecen tremendas oportunidades para hablar en público.

Asiste a eventos de networking: Una de las formas más fáciles y poco arriesgadas de encontrar oportunidades de hablar es asistir a eventos de *networking* fuera del trabajo. Presentarte a otras personas y explicar lo que haces es una forma maravillosa de practicar tus capacidades para hablar en público. Estos encuentros son también una gran manera de practicar otra habilidad oratoria muy importante: escuchar. A muchas personas no les gustan los eventos de contacto porque los ven como el hábitat de vendedores agresivos o activistas que promocionan sus programas. Sin embargo, esta clase de eventos son una gran oportunidad para conocer a otras personas y enterarnos de lo que hacen.

Asociaciones profesionales: ¿De qué asociaciones eres miembro? Estas organizaciones planean las conferencias regionales y nacionales de las que hemos hablado antes. Cuando asumas un papel de liderazgo dentro de estas organizaciones, sirviendo dentro del consejo o dirigiendo un comité, encontrarás oportunidades de hablar moderando un panel o presentando a un orador. Si estás al principio de tu carrera profesional, estas asociaciones te brindan una fantástica oportunidad de construir tu red de contactos y conectar con otros de tu sector.

Oportunidades personales

Fuera del trabajo hay también muchas oportunidades de hablar en público.

En política: Si estás descontento con el rumbo que está tomando tu barrio o país, ¡implícate en política y preséntate a las elecciones correspondientes! Al hacerlo no solo estás asumiendo responsabilidades en tu comunidad, sino que también encontrarás ocasiones interminables para hablar en público.

En tu comunidad religiosa: Ofrécete para impartir sermones o leer porciones del texto sagrado en el servicio de oración. Esta puede ser una manera importante de practicar tus capacidades y de conectar con tu espiritualidad.

En tu grupo de exalumnos: Es muy probable que la universidad o instituto donde estudiaste tenga una asociación de exalumnos que organiza eventos. Únete a la asociación o asiste a sus reuniones y te saldrán oportunidades de hablar en los eventos que se organizan.

Cuando me trasladé a Washington D. C. me uní al consejo de exalumnos de la *Harvard Kennedy School* y fui su presidenta durante dos años. Presenté todos los eventos que organizamos, desde un desayuno informal en el *National Press Club* hasta un importante panel en los Archivos Nacionales. Fue una forma increíblemente eficaz de construir mi perfil en Washington, practicar mis capacidades y crear relaciones personales duraderas con amigos, colegas y posibles clientes.

En el aspecto de tus necesidades particulares:
¿Tienes un hijo con necesidades especiales o procedes de una comunidad con poca representación? ¿Eres miembro desde siempre de alguna asociación que defiende algo? Hacerte miembro de una organización que representa los intereses de estos colectivos (o dirigirla) te da la oportunidad de hablar y colaborar con una causa en la que crees.

Únete a Toastmasters[3]: Fundada en 1924, *Toastmasters International* sigue siendo una de las mejores formas de practicar tus capacidades oratorias.[4] Durante las reuniones periódicas que celebran en todos los lugares del mundo, *Toastmasters* ofrece un espacio seguro donde practicar tus capacidades oratorias y desarrollarte en esta área en una atmósfera cómoda y alentadora. Únete al club y asiste a reuniones o, mejor todavía, preséntate para ejercer un papel de liderazgo y tendrás oportunidades de hablar en todas las reuniones. Hacerme miembro de *Toastmasters* fue lo primero que hice cuando comencé a desarrollar un trabajo que requería capacidades oratorias y sigo recomendándolo a mis clientes y amigos.

Da una charla en TEDx: Hablaremos después de cómo TED ha cambiado el campo de la oratoria. Lo que te digo, por ahora, es que si quieres compartir un mensaje con otras personas, es aconsejable que busques una agencia local de TEDx y que contactes con el responsable[5]. Solo el proceso de prueba ya te ayudará a pulir tus capacidades y mensaje. Mi oportunidad con TEDx fue en el año 2014 y se convirtió en un sorprendente episodio para el desarrollo de mi reputación. De hecho, fue la primera vez que combinaba los temas de la música y la oratoria, dando un nuevo impulso y dirección a mi empresa y un impactante mensaje para mis oyentes. Puedes ver este discurso en www.speakwithimpactbook. com. ⊕

APRENDE DE OTROS ORADORES

Comienza a tomar nota de cómo lo hacen otros oradores. ¿Quién crees que es un buen orador y por qué? ¿Te identificas con su mensaje? ¿Parece una persona genuina y auténtica? ¿Te hace reír y te mantiene atento con su sentido del humor? Toma nota de las cualidades que te gustan de esa persona.

Te darás cuenta de que hay muchos oradores mediocres. Cuando los escuches, determina cuáles son sus cualidades negativas. ¿Qué es lo que te molesta? ¿Parece aburrido y apático? ¿Parece inseguro de sí mismo y de su experiencia? ¿Mira al suelo en lugar de a sus oyentes? Puedes aprender mucho de aquellos oradores a quienes no quieres imitar. Para bien o para mal, muchas veces se nos pega el estilo de personas de nuestro entorno a las que hemos oído hablar a menudo. Un hombre al que instruí hablaba en un tono absolutamente plano, sin ninguna inflexión. Cuando le pregunté por qué lo hacía, me respondió que esa era la forma en la que hablaba su jefe. Y, cuando fue consciente de ello, pudo dar rienda suelta a todos los matices naturales de su voz.

Observa a los expertos de tu sector, a tus dirigentes políticos y religiosos o a los personajes de la televisión, y valora por qué son o no eficientes en su comunicación. Al final de mis talleres suelo repartir cuadernos para que los participantes tomen notas sobre los oradores a los que escuchan hablar. Pueden también usar los cuadernos para anotar los comentarios de sus compañeros sobre los discursos o charlas que dan ellos. Puedes descargar una muestra en www.speakwithimpactbook.com. ⊕

El fenómeno de las charlas TED

Centrada en la tecnología, la educación y el diseño, la conferencia TED se inició en 1984 y se ha convertido en un evento anual que presenta innovadores oradores e ideas de todo el mundo[6]. En 2006,

TED comenzó a ofrecer sus charlas en línea, lo cual incrementó exponencialmente el número de personas que podían observar y aprender de estos oradores. En 2009, TEDx se convirtió en un vehículo para eventos organizados independientemente bajo el paraguas de TED, generando toda una nueva ola de charlas y haciendo más fácil la participación tanto para los oradores como para los oyentes.

No voy a entrar en las características de lo que es una buena charla según los criterios de TED, puesto que ya existen muy buenos libros sobre el tema. Uno de mis favoritos (y que he usado en mi curso de la *Harvard Kennedy School*) es *Hable como en TED*, de Carmine Gallo[7]. ⊕

Menciono TED por dos razones. En primer lugar, es un recurso inagotable de discursos en línea que permite aprender de los distintos oradores. ¿Quieres hacer algo durante un breve descanso en tu trabajo? Puedes ver o escuchar una de las charlas de TED. En segundo lugar, TED ha cambiado el modo en el que las personas escuchan los discursos. Las charlas TED nos han mostrado que pueden impartirse mensajes potentes en dieciocho minutos o menos (lo cual tiene sentido, teniendo en cuenta que los adultos tienen un periodo máximo de atención de hasta veinte minutos)[8]; esto es igual de importante en una presentación de trabajo como en un evento social. Las charlas TED nos han mostrado el poder de las historias personales para ayudar a que un púbico entienda un determinado asunto. Las charlas TED nos han dado permiso para hablar como personas normales, en un tono conversacional y personal en lugar de hacerlo con una jerga profesional y compleja. De hecho, en general, los elementos de una buena charla TED representan las prácticas recomendadas en cuanto a discursos públicos.

TED ha convencido a los públicos de que los discursos pueden ser educativos y entretenidos a la vez. No esperamos ya aburridas conferencias; queremos escuchar discursos que no solo nos informen, sino que despierten y mantengan nuestra atención. Creo que las charlas TED han cambiado las expectativas de los oyentes de todo el mundo.

Empieza con una estrategia

Las tres preguntas más importantes antes de un discurso o presentación

PREPÁRATE PARA HABLAR

Imaginemos que se está acercando la fecha en la que tienes que dar un discurso o presentación. Sentado en el escritorio, te rascas la cabeza ante una pantalla o papel en blanco, buscando angustiosamente algo que decir. La presión va creciendo a medida que se acerca la fecha del discurso y su intensidad es directamente proporcional a la importancia de tu público. Toda esta presión es suficiente para bloquearte la mente y hacer que se te desboque el corazón. Es casi como la experiencia del temor que sientes cuando estás sobre la tarima.

Vamos a dar un paso atrás.

Voy a acompañarte por una serie de pasos que te guiarán de forma indolora y eficiente por el proceso de prepararte para un discurso, presentación, reunión o llamada telefónica. Esta estructura te permitirá encontrar la motivación para hablar y dará un impulso a tu creatividad.

Antes de comenzar a escribir, identifica el contexto de tu intervención.

- *¿Dónde* se llevará a cabo? ¿Es una conferencia o una reunión? ¿En qué lugar geográfico se producirá? Imagina

el lugar y el entorno para situarte en la mente de tus
oyentes.

- *¿Cuándo* se producirá dentro del programa general? Si eres
el primer orador del día, tu energía marcará el tono de
toda la jornada. Si, por el contrario, eres el último, tendrás
que mantener la energía frente a unos oyentes cansados,
que están pensando en marcharse cuanto antes para
evitar el tráfico y llegar pronto a su casa (en el capítulo 5
hablaremos de cómo mantener la atención del público).

- *¿Quién* más va a hablar? Si vas a hablar sobre un tema
polémico, ¿refutarán los demás oradores tu punto de vista?
Por otra parte, ¿cómo puedes diferenciarte de los otros
oradores de la conferencia?

En una conferencia a la que asistí, un mago convenció a sus
oyentes de que le gastaran una broma a un voluntario convenciéndole
de que había desaparecido del escenario (cuando no era cierto).
Irónicamente, el siguiente orador era un experto en el desarrollo de la
confianza, algo que obviamente *no* había sucedido con la intervención
anterior. Esto es un ejemplo de planificación inadecuada.

Algunas preguntas más sobre el contexto de tu intervención:

- ¿Cuánto tiempo tendrás que hablar? ¿Cinco minutos,
treinta minutos o más de una hora? La duración te ayudará
a marcar tu objetivo.

- ¿Habrá un tiempo de preguntas y respuestas durante tu
intervención? En este caso, el capítulo 10 te ayudará a
prepararte.

- ¿Qué esperan de tu charla o intervención los organizadores?
A veces las expectativas de ellos difieren de las tuyas.
Asegúrate de ponerte de acuerdo en este asunto.

Normalmente pregunto al planificador de la reunión: «¿Qué quieres que los oyentes *hagan, piensen* o *sientan* como consecuencia de mi intervención?».

Aunque estas preguntas suelen plantearse en el caso de conferencias, se aplican también a las reuniones.

Las respuestas a estas preguntas te ayudarán también a prepararte para ser flexible. Mi experiencia en numerosas reuniones me dice que los oradores que hablan hacia el final verán que su tiempo efectivo se acorta por la acumulación de retrasos en el programa. Una de mis clientes me dijo que, sabiendo que esto sucederá, suele preparar una «edición de bolsillo», una versión abreviada de su presentación. Esto le permite impartir serena y fácilmente la información más importante en lugar de hablar a toda prisa durante la presentación, corriendo como los galardonados de los Oscar que, durante su discurso en la Academia, hablan como un torpedo para no olvidar a nadie en sus agradecimientos, mientras el volumen de la música va subiendo sin parar.

Ahora que te has hecho una clara idea del contexto, ha llegado el momento de estimular el proceso de creación.

Yo suelo hacerme tres preguntas antes de escribir cualquier charla o presentación, prepararme para una conversación difícil o una entrevista con un cliente, o para hablar en una reunión. Son tan importantes que las llamo «Las tres preguntas»:

1. ¿Quiénes son tus oyentes?

2. ¿Cuál es tu objetivo?

3. ¿Por qué tú?

Estas tres preguntas no son la estructura de tu discurso sino tu *estrategia*. Sirven para poner en marcha la mente y liberar la creatividad, para que puedas escoger un tema de forma fácil y natural. Son las preguntas que desbloquean al escritor.

1. ¿QUIÉNES SON TUS OYENTES?

«Si le hablas a un hombre en un idioma que entiende, estás llegando a su mente. Si lo haces en su idioma, estás alcanzando su corazón».

Nelson Mandela[1]

Antes de decidir lo que vas a decir tienes que saber a quién te diriges. Tu público puede ser una persona en el rincón de una oficina, quince en una sala de juntas o quinientas en un enorme salón. ¿Son colegas, colaboradores directos o el equipo directivo de tu empresa? ¿Cuál es su trasfondo profesional? ¿Son padres y madres, ejecutivos o abogados? ¿Son todos del mismo país o representan un grupo diverso? ¿Tienen todos la misma formación especial que tú? Frecuentemente habrá muchos tipos de personas entre tus oyentes, pero has de tener a un público *específico* en mente.

Pregúntate ahora quién más puede ver este discurso si se cuelga en línea. Ya no podemos dar por sentado que lo que decimos en una sala va a quedarse allí. Un comentario improvisado en una reunión a puerta cerrada puede hacerse público y tener efectos desastrosos. Recuerda la declaración de Mitt Romney en la que menospreciaba al 47 % de los estadounidenses, cuando era candidato a la presidencia, para ver cómo un comentario puede suscitar un importante debate[2]. ⊕ Las palabras tienen un efecto y pueden sacarse fácilmente de contexto o convertirse en el involuntario mensaje de toda tu campaña.

¿Qué idioma hablan?

Una vez hayas identificado a tu público ya sabrás qué idioma hablan. No me refiero a qué otro idioma, además del materno, conocen tus oyentes (aunque esto puede ser, sin duda, un factor que debes tener en cuenta). Lo que quiero decir es: ¿conocen el especializado lenguaje de tu sector, de tu cultura? ¿Entenderán tu jerga y acrónimos?

Piensa en la cantidad de términos que existen en tu sector o incluso dentro de tu empresa. Si usas la palabra «desarrollo», ¿entenderán tus oyentes si estás hablando de ayuda internacional, recaudación de fondos o *software*? Si usas el acrónimo «UNAM», ¿sabrán si te refieres a la Universidad Nacional Autónoma de México, a la Universidad Nacional de Misiones de Argentina o a la Universidad Nacional de Moquegua en Perú? Si tus oyentes no tienen claro el significado de lo que dices, probablemente no levanten la mano para preguntarlo. ¿Quién quiere arriesgarse a parecer estúpido ante sus colegas preguntando algo que se supone que debería saber? Estarán tan absortos en sus sentimientos de incompetencia que se desconectarán del discurso.

Esto no significa que no puedas usar acrónimos, sino que debes explicar lo que significan la primera vez que los usas.

¿Conectarán con ellos las citas que vas a usar?

Cuando hablamos en un lugar de adoración es normal citar algún texto religioso. Cuando damos una charla política, citamos a menudo a dirigentes políticos. Los oyentes y el contexto de nuestro discurso prescriben el lenguaje que hemos de usar. Citar una fuente que los oyentes admiran es una forma maravillosa de desarrollar el entendimiento mutuo.

En la *Harvard Kennedy School* de Cambridge, Massachusetts, utilizamos la frase «al otro lado del río» para aludir a la Escuela de Negocios de Harvard, situada al otro lado del río Charles, en Allston. A menudo usamos esta expresión para describir la diferencia entre el mundo de los negocios y del gobierno: «Aquí en la Escuela Kennedy consideramos las condiciones económicas desde un punto de vista político, pero "al otro lado del río" lo hacen con otro enfoque». Estas expresiones tienen un claro significado para quienes están familiarizados con la jerga y pueden crear un sentido de unidad y camaradería con sus receptores. Pero, fuera de este círculo, las mismas frases pueden sonar exclusivas o confusas.

Una vez capacité a una mujer que trabajaba en UNICEF, el Fondo de las Naciones Unidas para la Infancia. Estaba preparando un importante discurso para potenciales contribuyentes y hablaba de la transformadora tarea sobre el terreno en zonas de conflicto que desarrolla UNICEF. En un determinado momento dijo la frase siguiente: «Estamos repatriando a niños relacionados con grupos armados a sus comunidades de origen».

La detuve por un momento. «¿Qué significa eso?», le pregunté. A lo que respondió: «En esencia, que estamos enviando a niños soldados de vuelta con sus familias». Esta segunda frase era muchísimo más potente.

Aunque la expresión original habría sido perfecta para un público interno de UNICEF, aquella mujer iba a dirigirse a particulares que hacen donaciones por un sentido de conexión personal con la misión. No llegamos a las fibras más sensibles de los corazones utilizando una jerga despersonalizada; hay que pintar un cuadro vívido y emotivo para que los oyentes puedan *ver* el impacto de nuestro trabajo. Si lo ven, es más probable que brinden su ayuda económica al proyecto.

¿Qué saben tus oyentes sobre el tema que desarrollas?

Uno de mis clientes bancarios me dijo: «La próxima semana, voy a presentarles cierta información a los presidentes ejecutivo y financiero de una empresa mediana. Mientras que el presidente ejecutivo piensa en términos generales, el presidente financiero quiere los detalles bancarios. En pocas palabras, tengo que usar dos lenguajes distintos al mismo tiempo». Analizamos las formas en que podía explicar los detalles y, luego, volver atrás para explicar las implicaciones. Otro cliente en el mismo banco sugirió: «No solo explica los números, explica lo que *significan* esos números».

Cuando un graduado y emprendedor del MIT expone su idea para una empresa emergente de alta tecnología a los inversores, ¿cómo describe una tecnología compleja e innovadora en lenguaje claro y conciso? Cuando un científico describe ante los ejecutivos del Ministerio Americano de Sanidad y Consumo nuevas investigaciones que afectan a la salud y seguridad del público estadounidense, ¿cómo puede usar un lenguaje que sea claro, apremiante y comprensible para los políticos y legisladores que no tienen su mismo trasfondo científico? Cuando el funcionario de asuntos externos del banco central de un país quiere enseñar mejores hábitos de gasto a la población en general, ¿cómo puede explicar los factores micro y macroeconómicos en un lenguaje asequible para el gran público? Describir el discurso en nuestro propio lenguaje es fácil, pero hacerlo de un modo que nuestros oyentes puedan entenderlo requiere tiempo y esfuerzo.

Sin embargo, el resultado bien lo merece; nuestro éxito depende de que otras personas actúen motivadas por nuestras palabras. Si quieres que tus oyentes pasen a la acción tienes que hablarles en *su* lenguaje. Naturalmente pueden pedirnos que hablemos en un evento de perfil académico en el que todo el mundo se expresa en el mismo lenguaje técnico, pero a todos nos gusta escuchar algo con palabras claras y concisas. No estoy hablando de simplificar la investigación, pero sí de eliminar el exceso de descripciones que oscurecen tu discurso para llegar a la esencia de lo que quieres decir y poder presentarlo de forma persuasiva.

¿Qué sienten tus oyentes sobre ti y sobre el tema que expones?

Cuando entras en una sala de conferencias, las personas evalúan tu credibilidad y autoridad como orador. ¿Estás hablándoles a personas que conocen tu trasfondo o a un grupo de nuevos oyentes que no tienen idea de quién eres? ¿Te diriges a amigos, enemigos o indecisos? Esta información determinará lo que dices y el modo en el que lo haces.

Una clienta con la que trabajé estaba a punto de cumplir cincuenta años. La buena y la mala noticia era que apenas aparentaba treinta. No hace falta que te diga por qué era una buena noticia. ¿Pero cuál era el aspecto negativo? Que, cuando entraba en una sala, el público asumía inmediatamente que era una persona sin experiencia. Lo que hizo fue incorporar a su introducción algunas expresiones que mencionaban sus «más de veinte años de experiencia en el sector» y que mandaban una señal a sus oyentes en el sentido de que tenía credibilidad para hablarles.

Cuando escribí y pronuncié algunos discursos para el Consulado General de Israel en Boston, era esencial que entendiera qué pensaban mis oyentes respecto al conflicto de Oriente Medio. ¿Eran proisraelíes o antiisraelíes? ¿Me dirigía a una sala llena de personas que me iban a dar la bienvenida o que me iban a rechazar antes de que dijera una sola palabra? Entender esto me ayudaba a prepararme para la clase de preguntas que me harían y a estructurar mi mensaje de una forma más inclusiva. Si sabía que mis oyentes iban a ser posiblemente hostiles a mi mensaje, podía expresar mis argumentos teniendo en cuenta sus preocupaciones; potencialmente, podía neutralizar algunas de sus preguntas antes de llegar a la sesión de preguntas y hacer que esta fuera más productiva. El capítulo 10 nos dará más recursos para gestionar las preguntas.

¿Cómo investigas el perfil de tus oyentes?

Hay muchas formas de investigar el perfil de tus oyentes antes de la charla. Habla con el organizador del evento para tener una idea de por qué te han invitado a hablar. Habla con personas representativas del público. Antes de todas nuestras charlas y programas de formación, mi equipo y yo entrevistamos a potenciales asistentes para entender la cultura de la organización, sus expectativas y sus reacciones a oradores anteriores. Invierte tiempo en su página web y busca noticias recientes sobre la organización y su ámbito de actividad.

Si te han invitado a hablar para un grupo en una de sus reuniones periódicas, asiste antes a una de ellas. Esto es lo que yo *debería* haber hecho cuando me invitaron a hablar en una reunión mensual de dirigentes en la zona del Distrito de Columbia. El organizador me explicó brevemente lo que esperaban: cuéntales tu historia, y céntrate en un tema. Acordamos que hablaría durante veinte minutos y después abriría una parte interactiva, aunque *normalmente* mis discursos y talleres son interactivos desde el principio. Durante la charla me di cuenta de que estaba perdiendo a algunos oyentes. Parecían distantes y tenía la sensación de que me estaban juzgando mientras hablaba. En un sondeo posterior, los encuestados decían que los discursos deberían ser más interactivos, ya que esto era lo que se esperaba en estas reuniones mensuales. Me sentí sumamente frustrada. De haber asistido a una sola de aquellas reuniones, habría conocido cuál era su flujo y formato.

Si entiendes a tus oyentes, conoces el lenguaje en el que se expresan y cómo se sienten sobre el tema que vas a exponer, puedes confeccionar un mensaje con el que puedan identificarse y que los inspire a pasar a la acción. Hablarás *en su lenguaje*. Y, si te entienden, entonces es mucho más probable que te escuchen.

> Mientras esperas tu próximo discurso o presentación, dedica algún tiempo a analizar a tu público y a encontrar toda la información que puedas sobre sus intereses, necesidades y objetivos.

2. ¿CUÁL ES TU OBJETIVO?

En su libro *On Speaking Well*, Peggy Noonan dice que cada discurso tiene una tarea que cumplir. «Piensa cuál es la tarea que debe cumplir tu discurso y llévala a cabo»[3].

¿Alguna vez te has encontrado en una presentación aburrida e interminable, preguntándote a dónde quería llegar el orador y qué relevancia tenía aquello para ti? *¿Cuántas veces* has asistido a presentaciones así? En este libro impediremos que tú seas uno de esos oradores.

Cada discurso es una oportunidad de tocar a las personas, de educarlas, inspirarlas e influir positivamente en su conducta. Antes de comenzar a escribir el discurso, determina cuál quieres que sea tu resultado. ¿Qué quieres que *hagan* las personas después de escucharte? Determina el resultado deseado y desarrolla tu charla en esta dirección.

¿Quieres que los electores te voten?

¿Que los inversores pongan dinero en tu empresa?

¿Quieres encontrar clientes que compren tu producto?

¿Deseas encontrar donantes que patrocinen tu organización sin ánimo de lucro y que te den acceso a sus amigos ricos?

¿Quieres que lo que está sucediendo en tu país se sepa en todo el mundo?

Puedes decidir *comenzar* tu charla dando a conocer tu objetivo: «Hoy me pongo delante de ustedes porque espero ganarme su voto el próximo noviembre». O puedes *terminar* tu discurso con un claro llamamiento a la acción: «Y, por ello, les pido el voto en las próximas elecciones de noviembre. ¡Díganles a sus amigos y familiares lo importantes que son estas elecciones para su futuro y el de nuestro país!».

He formado parte del jurado en varios concursos de empresas emergentes y he escuchado cientos de presentaciones de negocios. Entusiasmados emprendedores se levantan y desgranan persuasivos argumentos a favor de un modelo de negocio basado en una tecnología nueva e innovadora. Pero a veces se olvidan de la parte más importante: ¿cuál es la «petición»? No dicen exactamente lo que necesitan y lo que harán con ello. Cuanto más preciso seas en lo que pides, más fácil les será a tus oyentes darte lo que quieres.

Además de reforzar tu frase inicial y tu conclusión, tener un objetivo claro te ayudará a determinar el material que vas a usar en tu discurso.

Si tu meta es desarrollar la confianza de tus oyentes, ¿qué información demostrará tu ética? Puedes introducir un relato personal sobre una ocasión en la que aprendiste el valor de la integridad.

Si tu meta es recaudar dinero de algunos inversores, ¿qué información puedes darles para poner de relieve tu éxito a corto plazo y la promesa de tu producto o servicio? Encuentra esta clase de relatos, anécdotas o resultados.

Si tu meta es abrir los ojos de tus oyentes a una amenaza comercial que nadie ha considerado, ¿qué datos deberías ofrecerles para que vean que las señales están por todas partes? Consulta estadísticas, tendencias o predicciones.

¿Qué impide a tus oyentes pasar a la acción?

El profesor Marshall Ganz de la *Harvard Kennedy School* habla de la importancia de entender lo que obstaculiza la acción de las personas, especialmente cuando se promueven cambios sociales. Cuando determines el objetivo de tu discurso, intenta ver cuáles son los obstáculos de tus oyentes. ¿Qué es lo que los frena? ¿Podría ser arriesgado estratégicamente adoptar esta nueva política? ¿Estás pidiéndoles a quienes te escuchan que hagan algo que los hará parecer estúpidos ante sus amigos y colegas? ¿Acaso no pueden dar porque carecen de recursos? ¿Les estás pidiendo que hagan algo para lo que no tienen tiempo? Entender lo que frena a tus oyentes te ayudará a plantear objetivos realistas y ejecutables.

Por ejemplo, si estás hablando en una campaña política, piensa en algunos pasos fáciles que pueden dar quienes te escuchan. En lugar de pedirles que sean voluntarios de plena dedicación en tu campaña, pídeles que te sigan en los medios de comunicación social y compartan su contenido con su red de seguidores. Diles que traigan un amigo al siguiente mitin o que hagan un pequeño donativo. Cuanto más fácil sea lo que pides a tus oyentes, más probable será que lo hagan.

¿Cómo quieres que se sientan?

Al pensar en el objetivo de tu discurso, pregúntate cómo quieres que se sientan tus oyentes al final. ¿Inspirados y animados? ¿Decididos y con ganas de enfrentarse a sus retos? ¿Informados y preparados?

Casi todos los talleres de mi equipo acaban con una encuesta en la que pedimos a los participantes que nos den su opinión. La pregunta más importante de la encuesta es: «¿Cómo te sientes después del taller?». La respuesta a esta pregunta nos ayuda a valorar el éxito del taller en cuestión. Si las respuestas son «cansado», «abrumado» o «hambriento», hemos de trabajar para conseguir que el taller sea más completo y cautivador. Por suerte, las respuestas suelen ser «confiado», «inspirado» o «empoderado». Tales respuestas me recuerdan el poder que tienen estos talleres y refuerzan mi compromiso de ayudar a otras personas.

¿Cómo puedes «dejar la pelota en el tejado» de tu público?

Los oradores nos sentimos tentados a prepararnos para presentar todas las respuestas a un determinado problema. Nos sentamos en la oficina, pensamos en el reto y desarrollamos una solución que luego presentamos a los demás para que actúen. Solemos sentir esta presión especialmente cuando presentamos una charla a aquellos que nos siguen como líder. Sin embargo, cuando se requiere la acción de otras personas, estas se sentirán más comprometidas cuanto más se las incluya en la solución.

Una vez trabajé con un ejecutivo que tenía que dirigirse a un grupo de expertos de su organización. El presidente de dicha organización acababa de reprender a aquel grupo y ahora este ejecutivo tenía que hacer el seguimiento de la situación. Cuando preparábamos el contenido de aquella charla, entendimos que no podía limitarse a presentarles una solución. Los propios encargados tenían posiblemente valiosas ideas sobre cómo encontrar una solución. De manera que, en lugar de planificar una reunión formal con este grupo, trabajamos en una *forma de iniciar una conversación* que demostrara su confianza en aquellos encargados y su convicción de que tenían todos los medios necesarios para encontrar una solución. Por lo tanto, el ejecutivo abrió la reunión para que ellos analizaran opciones y hablaran entre sí sobre cómo avanzar.

En su libro *Leadership on the Line* (en español, *Liderazgo sin límites*), mi profesor Ronald Heifetz, de la *Harvard Kennedy School*, y su coautor, Marty Linsky, lo llaman *«giving the work back»*; algo así como «dejar la pelota en el tejado del otro». En lugar del dirigente estoico que se esfuerza por presentar la solución perfecta para el problema de una organización o comunidad, los autores prefieren implicar a la propia comunidad en la búsqueda de la solución. Lo que está haciendo es dejar la pelota en el tejado (es decir, encargar la búsqueda de soluciones) de aquellas personas que, muy probablemente, tienen las mejores respuestas al problema. Esta estrategia te ayuda a pedir ideas a las personas que conocen el problema de primera mano, obtener información importante, empoderar a otros para que expresen lo que sienten y conseguir una valiosa colaboración. Como decíamos antes, dar un discurso no es solo impartir información, sino empoderar a las personas para que trabajen juntas en la resolución de un problema que apremia. Antes de hablar, busca formas de atraer a otras personas a tu estrategia de liderazgo para conseguir que tu mensaje sea más impactante.

Mientras esperas tu próximo discurso o presentación, piensa en el objetivo del discurso. ¿Qué quieres que hagan y sientan las personas? ¿Cómo puedes llevarlas a la solución? Pon por escrito estos pensamientos.

3. ¿POR QUÉ TÚ?

¿Qué es lo que te hace saltar de la cama por la mañana? ¿Qué te hizo escoger tu línea de trabajo? ¿Qué hizo que te ofrecieras de voluntario para esta causa en concreto? ¿Por qué haces lo que haces? En otras palabras: *¿Por qué tú?*

Esta es la pregunta más poderosa que puedes hacerte cuando preparas una charla o presentación. Aquí es donde dejas a un lado la burocracia de tu trabajo, el politiqueo de tu causa o la disfunción de tu oficina y determinas el propósito que guía tus acciones.

No es «para ganar más dinero», «para ganarme un ascenso» o «para quedar bien delante de mi jefe». Es algo mucho más profundo. Y puede que tengas que hacerte repetidamente esta pregunta para obtener la respuesta subyacente.

En uno de nuestros programas de formación y comunicación para líderes, mi equipo y yo estábamos formando a los responsables de ventas de una institución financiera. Yo estaba ayudando a una encargada de nivel intermedio a prepararse para una venta.

—¿Por qué tú? ¿Por qué haces lo que haces? —le pregunté.

—Pues porque me gusta servir a otras personas —respondió.

—*¿Por qué?*

—Porque creo en el servicio.

—¿Por qué?

—Porque el servicio es importante para mí.

—¿Por qué?

—Porque esto es lo que mis padres me enseñaron.

—Dame más detalles.

—Durante mi infancia, mis padres eran propietarios de un negocio. Cada día los veía levantarse temprano para servir a sus clientes, poniendo las necesidades de otras personas por delante de las suyas. Cada día, al despertar, pienso en esta experiencia, y quiero que mis hijos también la tengan. Esta es la razón por la que hago lo que hago.

¡Ajá!

¿Te das cuenta de que hemos tenido que escarbar para encontrar una raíz? Hemos tenido que ir más allá de la respuesta genérica para llegar a las capas más profundas de su conducta.

En otro programa de formación, una mujer fue directa al grano cuando dijo: «Mi padre vendía seguros y cada día volvía feliz a casa. Cuando llegó el momento de elegir una profesión, decidí seguir sus pasos. Esta es la razón por la que hago lo que hago».

Te darás cuenta de que muchas de estas razones subyacentes tienen que ver con nuestras experiencias familiares en la infancia más temprana. Quizá pienses que no es muy profesional compartir una historia personal en un contexto empresarial. Pero no somos robots, sino seres humanos que intercambian productos o servicios con otros seres humanos. Nos impulsan motivaciones personales y tenemos valores que guían nuestras acciones. Cuando compartes estas motivaciones con los demás, incluso en un contexto empresarial, estás conectando a nivel personal y desarrollando confianza hacia tu propuesta.

Uno de los mejores momentos para plantear esta pregunta es al principio de tu discurso o presentación. Imagina que le cuentas al propietario de una empresa pequeña (y posible cliente) que creciste trabajando en un pequeño negocio familiar. Esta historia puede llevar al posible cliente a pensar: «¡Sí! Esta persona entiende mi trasfondo. Puedo confiar en ella».

Hay muchas ventajas diferentes al tener un *¿Por qué tú?*

Te ayuda a escoger un lenguaje auténtico para ti.
Es difícil hablar con naturalidad cuando uno se expresa en la jerga empresarial. La pregunta «¿Por qué tú?» introduce tu lenguaje natural y hace que tu discurso sea más auténtico.

Estimula tu cuerpo y tu voz.
En el capítulo 6 aprenderemos cómo el lenguaje corporal y el tono vocal pueden complementar nuestro mensaje. Cuando crees verdaderamente en tu mensaje, esta sensación anima de forma natural tu cuerpo y tu voz.

Desarrolla tu confianza.
Tanto profesionales jóvenes como experimentados ejecutivos confiesan falta de confianza cuando hablan en público. ¿Y si hay personas en la sala que saben más que yo? ¿Y si los oyentes cuestionan mi autoridad para hablar? Conectar con tus motivaciones más genuinas refuerza tu credibilidad y autoridad.

Recuerdo el caso de una joven egipcia que asistió a uno de mis talleres en Harvard. Había escrito un discurso muy general sobre los peligros de las revoluciones. Estaba demasiado nerviosa para hablar y finalmente me preguntó delante de la clase: «¿A quién puede interesarle lo que yo tenga que decir? Solo tengo diecinueve años».

Le respondí: «Tú has vivido una revolución y eso te da más credibilidad personal que a alguien que tenga un doctorado en este tema».

Se quedó un momento callada, reflexionando, y luego se levantó y nos contó su historia en uno de los discursos más apasionados y personales que jamás he oído. Tenía que darse permiso para hablar.

«¿Por qué tú?» es la pregunta más poderosa que puedes hacerte cuando tienes que preparar un discurso, presentación o conversación. La respuesta a esta pregunta te ayudará a centrarte, calmarte y conectar con el propósito de lo que quieres decir.

A veces puede ser difícil encontrar la respuesta a esta pregunta.

Recuerdo a uno de mis alumnos que trabajaba en el sector del desarrollo inmobiliario. Sabía que era una persona comprometida y apasionada, con un fabuloso sentido del humor. Pero cuando se puso ante una junta de la comunidad para practicar su presentación, se transformó por completo: sus hombros se desplomaron, su sonrisa se convirtió en una mueca y suspiraba de forma ostensible mientras gesticulaba maquinalmente, señalando las imágenes que se proyectaban en la pantalla tras él. Tenía miedo de aburrir a sus oyentes. Y, de hecho, era *esto* lo que estaba sucediendo. Así que trabajamos con las tres preguntas, y cuando llegamos a *«¿Por qué tú?»* comprendió algo sorprendente. Le pregunté por qué le apasionaba su trabajo. Y resultó que realmente no le apasionaba, sino todo lo contrario: odiaba aquel trabajo. Recelaba de su jefe. No le gustaba el sector. No es que *fuera* un orador aburrido, sino que *estaba* aburrido.

Si tu tema te aburre o si detestas tu trabajo, te va a ser muy difícil dar un discurso potente y auténtico. Y, en estos casos, tienes sin duda dos opciones. Puedes cambiar de profesión, como mi amigo, que acabó dejando su trabajo para perseguir su sueño de darle una nueva vida a un edificio abandonado de su ciudad. Pero quizá tengas tres hijos, facturas pendientes y una hipoteca. En este caso, en lugar de buscar algo que te apasione, piensa en lo que te gusta de tu trabajo.

Cuando trabajo con banqueros de inversiones a veces encuentro cierta resistencia con la palabra «pasión». Estos profesionales me suelen decir algo así: «Trabajo semanas de cien horas en una atmósfera de enorme estrés. No es que lo haga solo por el dinero, pero tampoco diría exactamente que me apasiona mi trabajo. Sin duda me gusta resolver los problemas de mis clientes. Es como un rompecabezas, y me gustan los rompecabezas». Esta pregunta funciona.

Puedes encontrar tu «*¿Por qué tú?*» de varias maneras. Pregúntate:

- ¿Por qué te preocupas por tus oyentes o por la ocasión de tu discurso?

- ¿Por qué te preocupas por el tema de tu charla o por tu empresa u organización?

- ¿Qué cosas te enorgullecen de tu trabajo?

¿Cómo sabrás que has encontrado la respuesta? Lo sabrás porque lo sentirás y pensarás: «¡Sí! Esto es lo que estoy buscando».

Ahora que has estudiado el perfil de tus oyentes y decidido el objetivo de tu discurso, hazte la pregunta «*¿Por qué tú?*». Responde en voz alta antes de escribir la respuesta. Pregúntatela varias veces para llegar más profundamente a tu motivación, y después intenta explicarla todavía un poco más. Compártela con un amigo o colega de confianza. Cuando encuentres la respuesta, lo sabrás.

DETERMINA TU MENSAJE PRINCIPAL

En cuanto te hayas hecho las tres preguntas ya estarás preparado para determinar cuál ha de ser el principal mensaje de tu discurso. De hecho, ahora debería ser mucho más fácil llegar al mensaje.

Imagínate que uno de tus oyentes abandona la sala donde tú estás hablando, entra en un ascensor y alguien le pregunta: «¿De qué trataba ese discurso?». Su respuesta debería ser tu mensaje principal. El mensaje principal debería ser relevante y apasionante para tus oyentes: ¿qué cosas van a aprender de tu discurso? Sé explícito.

«En esta presentación, les enseñaré a mejorar la satisfacción de los clientes de un modo que los ayudará a retener más clientes, conseguir más recomendaciones y sobrepasar sus objetivos de ventas».

«Todos nosotros sentiremos los efectos del cambio climático y hemos de actuar antes de que sea demasiado tarde».

«Si trabajamos en la línea de nuestra cultura empresarial, experimentaremos crecimiento».

Cuando te centras en un solo mensaje, aumentas el poder de dicho mensaje. Pero cuando pretendes presentar cinco temas distintos, los estás diluyendo todos.

Escribe tu mensaje principal en una sola oración gramatical y léela en voz alta. Puede ser una oración compuesta, pero haz que sea breve y simple. ¿De qué vas a hablar y por qué es importante para tus oyentes?

CAPÍTULO 3

Escribe el discurso

*Un proceso para escribir cualquier
discurso o presentación*

ENCUENTRA EL MOMENTO ADECUADO

¿Eres del tipo madrugador que hace más trabajo entre las ocho y las once de la mañana que la mayoría de las personas en todo un día? ¿O eres de los que solo están realmente despiertos por la tarde y encuentras el clímax de productividad a las diez de la noche? Sea cual sea tu franja de productividad, deberías escribir tu discurso o presentación durante *este* intervalo.

Yo procedo de una larga línea de personas madrugadoras y no soy una excepción. Mi madre dice que a las 10 de la mañana ya se ha ido media jornada. Si me siento a escribir un discurso a las 4 de la tarde, va a ser una batalla cuesta arriba. Mis pensamientos van a estar ocupados en todo lo que ya ha sucedido aquel día, mi nivel de energía será muy bajo, tendré hambre y estaré distraída. Este no es el mejor estado mental para hacer mi trabajo más creativo.

Cuando tengas que prepararte para escribir, mira tu calendario y, teniendo en cuenta la fecha de tu próximo discurso, aparta tiempo durante las franjas más productivas del día también para practicar.

¿Con cuánta antelación deberías comenzar a preparar tus discursos? La cantidad de tiempo que deberás invertir depende de dos factores principales: lo importante que sea la ocasión del discurso en cuestión y la frecuencia con la que hayas hablado sobre el tema.

Imaginemos que te acaban de ascender a director de una línea de negocio dentro de tu empresa multinacional. En un congreso de la empresa fuera de las oficinas vas a dirigirte a unos doscientos líderes, y el CEO de la compañía también estará escuchándote. Tu tarea es inspirar a tu nuevo equipo directivo y hablar de tu visión para el año siguiente. Tiempo para empezar a prepararte: un mes antes.

Imaginemos ahora que vas a presentar las conclusiones de un proyecto en el que has estado trabajando las últimas semanas. Vas a dirigirte a un grupo de colegas que te conocen y que son personas como tú; además, solo necesitas explicarles por encima las novedades. Sabes exactamente lo que quieres decir; de hecho, diste esta misma presentación la semana pasada a otro grupo. Tiempo para empezar la preparación: un día antes.

Puesto que redactar un discurso o presentación es un proceso agotador, recomiendo trabajar en bloques de tiempo. Invierte cuarenta y cinco minutos, haz una pausa y luego vuelve a ello. Date tiempo para pensar en el material y vuelve a ello el día siguiente con la mente despejada. Lamentablemente, la mayoría de las personas no siguen ningún proceso. Se estresan durante semanas pensando en la presentación sin hacer nada al respecto y, cuando se ponen a escribir, se quedan en blanco. Finalmente, la noche anterior, en un ataque de desesperación, piensan en algo y se pasan toda la noche ajustando cuadros de texto, porque ya es muy tarde para pedirle a otra persona que se encargue de ello. A la mañana siguiente se levantan agotados, pensando, simplemente: «¡Acabemos ya con esto, como sea!».

O, peor aún, no preparan nada e intentan improvisar. Es en estos casos cuando el que tiene que hablar se pone ante sus colegas hecho un mar de dudas y lamentos, esperando que un rayo de inspiración lo saque del trance.

En este libro te ofrezco un proceso repetible que puedes usar para preparar cualquier discurso, presentación o conversación, independientemente del tiempo que tengas.

¿Cómo te gusta escribir? ¿En una hoja de papel o en un dispositivo digital? Es algo muy personal y deberías usar lo que te funcione mejor. Si utilizas algún dispositivo electrónico, asegúrate de guardar constantemente tu trabajo y de hacer una copia de seguridad.

¿Puedes escribir en la oficina? Si trabajas en un cubículo o espacio compartido, esto podría ser difícil. Puede que seas la clase de persona que encuentra la inspiración en el murmullo de una cafetería o sentada en su terraza. O quizá necesitas el silencio de una biblioteca. Es un asunto muy personal y lo único importante es que te funcione a ti.

Cuando te preparas para escribir, asegúrate de estar en una buena disposición mental. Si sueles meditar, invierte un tiempo en ello antes de comenzar a escribir. Procura comer suficiente, tomar café (si lo necesitas) y sentirte cómodo para no distraerte. Y evita todas las distracciones digitales: apaga las notificaciones, pon el teléfono en silencio y sin vibración, y cierra la puerta.

¿Deberías contar con la ayuda de otra persona? Puede ser útil generar ideas para el tema y el mensaje junto a un amigo o colega que conozca al público. Mis instructores y yo pasamos mucho tiempo ayudando a nuestros clientes a responder a las tres preguntas y a trazar las líneas básicas de su mensaje. Si vas a impartir una presentación en grupo, responde a las tres preguntas con tu grupo y decidan después cómo repartirse las secciones de la presentación.

¿Deberías trabajar con un escritor de discursos? Hace tiempo trabajé como escritora de discursos y ahora recomiendo este servicio a personas que tienen que dar un discurso importante y que no disponen del tiempo o la capacidad para escribirlo, o que ejercen un rol ejecutivo que las obliga a hablar constantemente en situaciones de alto riesgo.

Stephen Krupin, que trabajó en los discursos del presidente Barack Obama y ahora es presidente de prácticas de comunicación ejecutivas en SKDKnickerbocker, afirma lo siguiente: «Tu historia solo podrá ser tan buena como tu capacidad para contársela a los accionistas importantes. Cuando los escritores de discursos nos fijamos en un conjunto de ideas, datos y anécdotas, podemos ver un argumento que captará la atención de alguien y lo llevará a actuar».

Matthew Rees, escritor de discursos de la Casa Blanca para el presidente George W. Bush y fundador de la empresa GEONOMICA, ofrece esta pauta para trabajar con un escritor de discursos: «Dile al escritor el contenido que quieres que aparezca (te sorprenderías de lo poco a menudo que pasa esto). Una reunión o llamada telefónica pueden ser suficientes, pero es muy eficaz preparar un bosquejo para el discurso, ya que esto garantiza que no se nos escape nada. Hazle llegar tus anteriores discursos o artículos, así como aquellos artículos que consideras pertinentes para el tema que vas a cubrir. Los escritores de discursos tienen muchos talentos, pero no suelen ser capaces de leer la mente de sus clientes. Cuanta más información les des, más probable es que escriban un discurso que realmente quieras dar».

Determina el mejor momento del día para escribir tu charla. Mira la fecha del discurso en tu calendario y aparta espacios para su preparación. Piensa en el mejor lugar para escribir y pregúntate si deberías pedirle ayuda a un escritor de discursos. Debate ideas con un amigo, colega o formador.

GENERA EL CONTENIDO CREATIVAMENTE

Todos tenemos un proceso personal para escribir. Voy a explicarte cuál es el mío y el que mi equipo y yo usamos con nuestros clientes. Tienes toda la libertad para usarlo tal cual o adaptarlo a tus necesidades.

Escribir el guion completo, palabra por palabra, o limitarte a anotar unos puntos con las principales ideas dependerá de lo cómodo que te sientas con el material. Escojas lo que escojas cuando escribas, reduce tu discurso a una lista de puntos antes del día de la conferencia o presentación.

Comienza analizando las tres preguntas: *¿Quiénes son tus oyentes?*, *¿Cuál es tu objetivo?* y *¿Por qué tú?*. Lee el mensaje principal que has resumido en una oración gramatical. Adáptala si es necesario.

Lo que viene a continuación es crucial y deberías hacerlo sin interrupciones. *Solo escribe.*

Anota todo lo que te venga a la mente sobre el tema, los puntos más importantes y todo lo que te gustaría decir. *Solo escribe.*

Piensa en todas las historias relevantes o ejemplos que podrías compartir sobre el tema. *Solo escribe.*

Piensa en aspectos de actualidad relacionados con tu tema últimamente y en cualquier hecho interesante. *Solo escribe.*

No juzgues, no edites y no pienses en lo que pensarán de ti otras personas. *Solo escribe.*

En su libro *Mientras escribo*, Stephen King dice: «Escribe con la puerta cerrada, reescribe con la puerta abierta»[1]. Escribe primero para ti, edita después pensando en los demás. Este proceso es muy importante porque lo que suele impedirnos escribir es nuestro juicio y autoconciencia.

Cuando hayas terminado de escribir, léelo para asegurarte de que has sacado todo lo que tienes en mente y lo has puesto en papel o pantalla.

A continuación, haz una pausa. Levántate y anda un poco. Bebe algo, ve al baño y sal al exterior para respirar un poco de aire fresco.

¡Felicidades! Has terminado la parte más difícil del proceso de redacción.

Durante el período más productivo del día, hazte las tres preguntas y después genera ideas para tu discurso sin interrupciones ni valoraciones. ***Solo escribe.***

ENCUENTRA LA ESTRUCTURA ADECUADA

Mira el contenido con ojo crítico. Ahora puedes «reescribir con la puerta abierta», como dice Stephen King. Mira todo el texto y separa los argumentos clave. ¿Cuáles son las ideas más persuasivas para tus oyentes? ¿Cómo puedes reorganizarlas en una estructura?

Una de mis estructuras preferidas es la secuencia motivadora de Monroe: un bosquejo de cinco pasos desarrollado por el profesor Alan Monroe, de la Universidad Purdue, en la década de 1930. Lo encontré en *The Political Speechwriter's Companion* («El compañero del escritor de discursos políticos») de Robert Lehrman[2]. Este libro, que recomiendo encarecidamente aun para quienes no se mueven en el ámbito de la política, ahonda más en esta estructura.

La secuencia motivadora de Monroe

1. *Atención:* Capta inmediatamente la atención de tus oyentes.

2. *Necesidad o problema:* ¿Cuál es el problema que estás tratando?

3. *Satisfacción o solución:* ¿Cuál es la solución que propones?

4. *Visualización:* ¿Cómo será el mundo si se aplica tu propuesta? ¿Y si no se aplica? Describe la situación.

5. *Acción:* ¿Cuál es tu llamada a la acción para los oyentes?

Tomemos un mensaje concreto y apliquemos la secuencia motivadora de Monroe para trazar la estructura.

Mensaje: Juntos podemos erradicar el problema de las personas sin hogar en Estados Unidos.

Para que me ayude a confeccionar este mensaje, llamo a mi amiga y colega Jacki Coyle, presidente ejecutivo de la organización sin ánimo de lucro *Shepherd's Table*, en Silver Spring, Maryland. *Shepherd's Table* es una organización local que apoya a quienes carecen de hogar ofreciéndoles servicios básicos como comida, ropa y ayuda en las crisis, entre otros muchos servicios.

1. *Atención:* La pasada noche la temperatura cayó bajo cero. ¿A quién de ustedes le gustaría dormir fuera con este tiempo? Creo que a nadie. Imagínate si tuvieras que dormir fuera, sobre una caja de cartón aplastada puesta sobre el suelo helado ¿Dormirías bien? Piensa en el coste emocional de estar en la calle en términos de temor y falta de autoestima. Imagínate ahora que al día siguiente tuvieras una entrevista de trabajo y que, de obtenerlo, podrías alquilar un apartamento y salir de la calle. ¿Te sentirías muy seguro de poder hacer una entrevista perfecta y conseguir el trabajo? [Negando con la cabeza] Creo que no.

2. *Problema:* En Estados Unidos hay una cifra constante de medio millón de personas sintecho[3]. Son personas que están durmiendo en la calle, en viviendas provisionales o en centros de acogida. Sin una vivienda permanente y asequible, son rehenes de un círculo vicioso del que no pueden salir. Encontrar una vivienda asequible es crucial para que puedan salir a flote. Esto no es algo que sucede lejos de nuestras comunidades: podemos verlo, literalmente, nada más salir por la puerta de nuestras casas.

3. *Solución:* No podemos limitarnos a esperar que otros resuelvan el problema; todos somos partes implicadas. Todos tenemos un papel que desempeñar, sea que trabajemos para el gobierno federal, estatal o local; seamos propietarios, promotores inmobiliarios, donantes o simples ciudadanos preocupados. El problema de las personas sintecho se resolverá cuando todos combinemos nuestras capacidades y recursos para afrontar el problema. Ayudar a quienes son más vulnerables mejora la vida, no solo de ellos, sino de toda la sociedad en general. Es algo que nos afecta a todos.

4. *Visualización:* Imagínate ahora que en lugar de haber dormido sobre el frío suelo de cemento, la noche anterior hubieras descansado en una cama cálida y cómoda. Tienes un contrato de alquiler a tu nombre. Tu autoestima ha mejorado; tu energía física y emocional se ha renovado. Te sientes parte de tu comunidad y estás preparado para hacer una buena entrevista.

5. *Acción:* Cada uno de nosotros puede hacer que esta visión se haga realidad. Si eres propietario de viviendas, reserva algunas para los necesitados, sabiendo que hay programas gubernamentales que te compensarán. Si formas parte del gobierno local, te ruego que protejas a estas personas y difundas estos programas. Y, si eres un ciudadano de a pie, implícate: ofrécete como voluntario, infórmate sobre estos asuntos, conoce a estas personas y usa tu voz para cambiar los sistemas que mantienen a las personas en la calle. Juntos podemos erradicar el problema de las personas sin hogar en Estados Unidos.

Bastante potente, ¿no? Esta estructura puede aplicarse a cualquier mensaje, tanto si te estás presentando a unas elecciones, defendiendo una nueva estrategia comercial o persuadiendo a tus conciudadanos de la necesidad de salvar un edificio histórico.

Si no uso la secuencia motivadora de Monroe, puedo aplicar simplemente la regla de tres: introducción, tres puntos y conclusión. O puedo usar una estructura cronológica: pasado, presente y futuro. En cuanto hayas anotado todo lo que se te ha ocurrido sobre el tema, la estructura suele surgir del contenido y sirve de guía a los oyentes a lo largo de todo el discurso.

Concéntrate en algunos indicadores

Tener una estructura adecuada no asegura que tu discurso vaya a ser persuasivo. Hemos de trabajar también las transiciones entre los puntos: desarrollar conexiones dinámicas entre un punto y el siguiente, y guiar a los oyentes por un viaje. Soy una apasionada de las preguntas retóricas como transiciones. Puedes preguntar: «¿Cómo se aplica esto a nosotros?» para hacer una transición de la teoría a la práctica o «¿Cuál ha de ser nuestro paso siguiente?», a fin de pasar a mencionar elementos de acción. A estas transiciones las llamamos «indicadores». Otros indicadores serían expresiones estructurales como: «Hoy voy a hablar de tres cosas: primero... segundo... y por último...». Expresar verbalmente la estructura de tu discurso al comenzar a exponerlo ofrece claridad a tus oyentes y los mantiene concentrados durante tu exposición.

Cuando leemos un informe sabemos dónde empieza y dónde termina. Sabemos dónde termina el primer capítulo y comienza el segundo, y podemos ver de antemano su extensión y hacernos una idea de lo que vamos a tardar en leerlo. En un discurso o presentación, los indicadores les dicen a nuestros oyentes dónde están y adónde se dirigen. Es como si los guiaras en un recorrido por el bosque. Si te limitas a llevarlos por un inacabable camino de tierra, sin indicadores de distancia o de progreso, comenzarán a distraerse. Se van a sentir cansados y hambrientos. Pero si hay señales, como un mapa inicial e indicadores de kilómetros a lo largo del recorrido, verán hacia dónde vas y entenderán cuánto falta para llegar. No los dejes perdidos en el bosque.

Investiga el tema

En este momento del discurso puedes encontrar áreas que requieran más investigación. Quizá estés hablando de un innovador medicamento y quieres ver lo que se ha hecho hasta el momento. O puede que quieras asegurarte de que la cita que vas a leer es rigurosa (y que tienes permiso de tu colega para citarle). Es el momento de verificar tus datos y materiales, y asegurarte de que estás diciendo exactamente lo que quieres decir. Imagina que tu discurso tuviera que publicarse en línea: ¿qué cosas tendrías que adaptar para que lo que vas a decir pueda soportar la prueba del tiempo?

Hay innumerables formas de investigar el tema. Es fácil perderse en artículos, documentos y estudios, y malgastar un tiempo precioso que podrías haber invertido en la preparación. De hecho, cuando las personas se preparan en exceso, suelen hacerlo en la investigación del tema.

Cuando investigo para un discurso me gusta entrevistar a expertos en el tema. No solo consigo buenas citas, sino que también voy desarrollando mi red profesional. Podrías leer libros sobre el tema, aunque puede que no tengas tiempo antes de un discurso. Si tienes algún ayudante de investigación, puedes pedirle que lo haga y te resuma las ideas clave. Si tienes acceso a publicaciones académicas, puedes buscar estudios anteriores sobre el tema. Y, naturalmente, puedes buscar información en la red, aunque es importante que recuerdes comprobar la validez de la fuente antes de usarla. Mira lo que dicen los medios de comunicación sobre el tema para ver cuáles son las últimas novedades o controversias. Estos métodos de investigación te ayudarán también a prever algunas preguntas o reticencias de tus oyentes.

Lee el discurso en voz alta

Siempre me doy cuenta cuando alguien ha escrito un discurso pero no lo ha leído en voz alta, porque contiene palabras escritas para el ojo, no para el oído. Los periodistas saben escribir frases hermosas y elocuentes que aportan historia, contexto y matiz. Lee un artículo de prensa en voz alta y verás lo que quiero decir. Escribir para el ojo o el oído son cosas muy distintas y requieren fraseologías, ritmos y lenguajes distintos. Cuando alguien redacta un informe empresarial, tiende a usar la jerga de su organización. Un discurso, sin embargo, es una oportunidad para desarrollar una relación con tus oyentes, por lo que tu lenguaje verbal debería ser más auténtico.

Una vez hayas terminado el primer borrador del discurso, léelo en voz alta y pregúntate cómo suena. ¿Parece natural? ¿Son cómodas las palabras? ¿Puedes usar una frase más concisa?

Si estás preparando una charla en otro idioma, presta especial atención a las palabras que usas. Puesto que se trata de un idioma que no fluye de forma natural para ti, es importante encontrar palabras que puedas pronunciar cómodamente. Si mientras practicas tropiezas con una palabra, es muy probable que suceda también cuando des el discurso. El capítulo 11 ofrece otras estrategias para hablar en un idioma extranjero.

Una vez instruí a un estudiante extranjero de la Universidad de Harvard que iba a dar el discurso de los estudiantes en la ceremonia de graduación. Es un enorme honor y también una solemne responsabilidad: ¡hablar frente a treinta mil estudiantes y padres en Harvard Yard mientras el acto se emite en directo por la web de Harvard! ¿Intimidante? ¡Un poco! Aquel joven, un científico, tenía un fuerte acento extranjero y, durante nuestras prácticas, se atascaba en la palabra «supervisar». Aunque practicamos varias veces, siempre tenía dificultades para pronunciarla. Finalmente, le pregunté: «¿Podrías usar otra palabra para decir lo mismo?». Frunció el ceño y se puso a pensar; después, se le iluminó el rostro y dijo: «¡Controlar!». Cambiamos la palabra en su discurso y ahora le era muy fácil pronunciar la frase.

Confía en ti mismo. Lee tu discurso en voz alta y, si con algo no te sientes cómodo, ¡cámbialo! Cuanto menos concentrado estés en las palabras concretas, más podrás pensar en el mensaje.

En cuanto hayas generado las ideas de tu discurso, léelas para determinar cuál es la mejor estructura. Planea las transiciones de un punto al siguiente y, si lo necesitas para apuntalar tus conocimientos sobre el tema, sigue investigando. Léelo en voz alta para cerciorarte de que suena como tu lenguaje natural.

AÑADE UN PRINCIPIO Y UN FINAL

Ahora que has escrito el cuerpo del discurso, ha llegado el momento de pensar en tu frase inicial y final en términos estratégicos. Pueden ser una sola frase o un párrafo; depende de los recursos que uses.

Piensa en la última vez que oíste un discurso o presentación. ¿Qué estabas haciendo mientras el orador se dirigía a la plataforma o preparaba la presentación? Es posible que consultaras el teléfono para asegurarte de que tu cónyuge había dejado a los niños en la escuela o para ver si aquel cliente potencial había respondido a la propuesta que le habías enviado.

El comienzo de un discurso capta la atención de los oyentes y les dice *que dejen a un lado lo que están haciendo y escuchen*. Las primeras palabras despiertan la curiosidad de los oyentes, los convencen de la autoridad del orador para hablar y comienzan a construir una relación con él.

Los primeros ocho segundos

Una vez, mientras me preparaba para formar a un grupo de emprendedores para ayudarles a encontrar financiación, entrevisté a David Wells, un inversionista de riesgo y socio en Kleiner Perkins Caufield & Byers. Le pregunté a David lo que buscaba al escuchar propuestas de negocios, puesto que él escucha a cientos de emprendedores y toma decisiones de millones de dólares. Nunca olvidaré lo que me dijo:

—Escucho las primeras ocho palabras y decido si sigo o no escuchando la propuesta.

Me detuve un momento, insegura de haber oído bien.

—¿Ocho palabras? —repetí con cierta incomodidad.

—Ocho palabras —respondió con firmeza.

—¿Qué buscas en estas ocho palabras? —pregunté, finalmente.

Y su respuesta fue:

—La innovación esencial. Si no la encuentro en las ocho primeras palabras, es probable que no exista. Y es entonces cuando dejo de escuchar o interrumpo a mi interlocutor para preguntarle.

¿Parece injusto que alguien pueda darte tan poco tiempo para tomar una decisión sobre tu futuro? ¡Estoy de acuerdo! Pero volvamos atrás para ver la esencia de lo que quiere decir David. La primera frase de tu presentación es crucial, especialmente si te diriges a oyentes que no te conocen y que van a escuchar a docenas de personas como tú.

Un par de años después de aquella reunión con David me senté junto a un cómico profesional durante un vuelo de Washington D. C. a Sarasota, Florida. Tim The Dairy Farmer habla en conferencias del sector agrícola por todo el país. Fascinada por su línea de trabajo y especialización, lo acribillé a preguntas sobre su técnica, estrategia y experiencia. Tim dijo algo que me hizo recordar las palabras de David.

Tim dijo que cuando sube al escenario, tiene que establecer un vínculo con sus oyentes durante los ocho primeros segundos de su presentación. Él establece el ambiente para todo el espectáculo en esos primeros ocho segundos. «Si uno sube nervioso al escenario, el público se sentirá nervioso. Por otra parte, si uno sonríe, está invitando a sus oyentes a escucharle». Es más, su meta es hacer que los oyentes se rían cada ocho segundos durante toda la exposición.

Aunque el promedio de atención de una persona adulta se extiende hasta los veinte minutos, los periodos de atención intensa son de solo ocho segundos[4]. Aquellas ocho palabras estaban comenzando a parecer menos exageradas y más lógicas.

Imaginemos que eres un contratista del gobierno presentando tu propuesta ante una agencia federal. Hay otra media docena de contratistas pujando por el mismo proyecto y haciendo su presentación uno tras otro. ¿Crees que deberías escoger con cuidado lo que vas a decir en tus primeros ocho segundos para demostrar que tu propuesta es distinta? Preguntémosle al cliente.

Un amigo mío, que trabaja para una agencia gubernamental estadounidense y lleva más de quince años escuchando propuestas, dijo: «Sabemos que las capacidades de los proveedores de servicios suelen ser similares. Lo que estamos buscando son indicadores de que vamos a trabajar bien con este equipo: la introducción, el seguimiento y su capacidad de conectar con sus clientes. La relación es importante para nosotros.

Para él, los primeros ocho segundos empiezan a contar incluso antes de que el contratista comienza a hablar. Observa cómo interactúa con su ayudante administrativa antes de empezar la conversación. La expresión de la ayudante cuando entra en la sala muestra la clase de interacción que tuvieron en el vestíbulo.

No dejes que este asunto de los ocho segundos te agobie; simplemente, recuerda la importancia de comenzar tu discurso con un propósito claro. Algo más que: «Bueno… Ejem… Empecemos».

Formas de iniciar un discurso

La forma de comenzar un discurso depende de tus oyentes y el objetivo de tu presentación.

> *Saludo.* Muchas personas me preguntan: «¿Está bien iniciar un discurso con "buenos días" o "buenas tardes"?». Sí, no hay nada malo en un saludo cálido y confiado que les dice a tus oyentes que estás preparado para comenzar. Cuando me dirijo a un público en un país extranjero, me gusta saludarles en su idioma como una señal de respeto y me esfuerzo especialmente en pronunciar las palabras correctamente.
>
> Personalmente, no me gusta cuando un orador dice «¡Buenos días! No oigo nada. ¡BUENOS DÍAS!». Mi sensación es que está riñendo a los oyentes y me pone a la defensiva. Tampoco recomiendo comenzar dando las gracias. No es algo que capte la atención de las personas ni que respalde el mensaje principal de tu discurso. Deja los agradecimientos para el final.

Cita. Subir al escenario, mirar directamente a tus oyentes y empezar con una cita potente desprende una energía increíble. Recuerda quiénes son tus oyentes y objetivos cuando escoges una cita. Si vas a hablar en una conferencia interna, puedes citar a alguien muy conocido dentro de tu empresa. Si vas a dirigirte a una comunidad religiosa, puedes citar un texto sagrado. También puedes usar alguna cita extraña que sorprenda a tus oyentes. Recuerdo una reunión de Toastmasters en la que el orador comenzó con una serie de afirmaciones ilógicas y erróneas de un candidato presidencial durante su campaña electoral (no mencionó el nombre del candidato). Los oyentes, mayormente demócratas, sonreían socarronamente, dando por sentado que aquellas declaraciones eran del presidente republicano George W. Bush. Entonces el orador reveló que las declaraciones eran de Barack Obama, que en aquel momento era el candidato demócrata a la presidencia. La sorpresa que causó hizo que los oyentes prestaran mucha atención a lo que dijo a continuación.

Visualización. Cierra los ojos un momento, por favor, e imagina que estás entrando en la oficina local de tu banco. Conoces personalmente a tu gestora y normalmente solo tienes que esperar un par de minutos para que te atienda. Pero esta vez es diferente. Entras en el banco y te encuentras con una larga cola de personas impacientes que esperan su turno. Esperas veinte minutos y comienzas a sentir que ya no se te aprecia como cliente. Uno de mis clientes presentó esta visualización cuando preparaba una charla para sus compañeros sobre la importancia de la satisfacción del cliente. Fue un potente recordatorio sobre la importancia de optimizar la experiencia del cliente en lugar de limitarnos a reducir costes. Las visualizaciones nos ayudan a transportar a los oyentes a un lugar y tiempo distintos, permitiéndoles ver lo que ves tú y sentir lo que tú sientes. Nuestros cerebros responden a estas visualizaciones como si las hubiéramos experimentado nosotros, como veremos en el capítulo 4 al hablar de las historias.

Estadísticas. Un uso moderado de estadísticas puede captar la atención de tus oyentes y ampliar el mensaje de tu discurso. Pueden usarse también para crear un sentido de apremio: «Mira esta sala. A una de cada tres personas que estamos aquí esta mañana se nos diagnosticará un cáncer a lo largo de nuestra vida»[5]. O para tocar nuestras fibras más sensibles: «Más de la mitad de los refugiados del mundo son niños»[6]. Algunas estadísticas, usadas en el lugar apropiado, pueden preparar el terreno para tu mensaje.

Historias. Hace unos años me estaba peleando con la introducción de un taller que tenía que dar en McAllen, Texas. Yo nací en la zona nororiental de Estados Unidos y aquel era mi primer viaje a Texas. Siendo del norte quería encontrar una forma de conectar con mis oyentes del sur. Así que investigué un poco sobre McAllen y descubrí que tenía algunos parientes lejanos que no conocía en aquella zona. Así que comencé mi intervención con la siguiente historia:

«Mi bisabuela tuvo ocho hermanos. En los primeros años del siglo pasado, todos dejaron Polonia y se establecieron a través de las Américas: Nueva York, México, Cuba, Costa Rica y Argentina. Hace unas semanas le dije a mi padre que iba a venir aquí, ¡y él me contó que una parte de nuestra familia había *venido a vivir a McAllen*! No sé dónde están exactamente, ni los conozco personalmente. Por ello, aunque este es mi primer viaje a McAllen, me siento como en casa». Mis oyentes se relajaron y sentí que se produjo una conexión inmediata con ellos.

Y la cosa no acabó ahí. Después del programa, un hombre se me acercó y me susurró intensamente: «¿Es usted judía? No somos muchos aquí en McAllen. ¿Cuál es el apellido de su familia?». Le dije el apellido, y su rostro se iluminó inmediatamente: «¡Son mis vecinos! Le gustaría que le dé su número de teléfono?». Luego esa tarde, pude conocer a uno de mis primos lejanos, que me contó los antecedentes de nuestra historia familiar, añadiendo detalles desconocidos para mí de los últimos cien años. Me sentí atónita y agradecida. Las historias personales tienen el beneficio inmediato de ayudarte a conectar con tus oyentes y, además, pueden llevarte a conexiones sorprendentes.

Cómo no empezar un discurso

Una máxima unánime en el mundo del espectáculo es que «la función debe continuar». Que hayas estado enfermo o no hayas podido prepararte el día anterior no puede ser una excusa. Muchas personas empiezan diciendo cosas como «Ayer por la noche me di cuenta de que hoy tenía que hablar» o «Tengan paciencia conmigo, hoy no me siento muy bien». Utilizamos estas declaraciones para que nuestros oyentes bajen sus expectativas, pero lo que en realidad estás diciendo es: «Lo siento, pero hoy no van a escuchar un buen discurso». Normalmente, los oyentes no saben si te encuentras mal o no has podido prepararte. La mayoría de las veces no se enteran de que has cometido un error hasta que tú se lo dices, con tus palabras (una disculpa) o con tu rostro (una mueca). En nuestros talleres damos diez minutos a los participantes para que escriban un discurso que van a dar en aquel momento. La mitad de los discursos son tan buenos que nadie diría que se han preparado en menos de una hora. Detente y respira antes de hablar; después, sube a la plataforma y habla. La función debe continuar.

Formas de terminar un discurso

El final de un discurso es una potente forma de subrayar tu mensaje y dejar a tus oyentes con un persuasivo llamado a la acción. Por lo que veo en mi trabajo, las personas no pasan suficiente tiempo preparando la última parte de sus discursos. Esperan tener un toque espontáneo de brillantez en el mismo momento, pero acaban divagando y repitiendo lo mismo con voz cansina mientras sus oyentes se preguntan cuándo van a terminar.

El final del discurso es una oportunidad para hacer que tus oyentes sientan, piensen o actúen de cierta forma. Dependiendo de cómo quieras que sientan, piensen o actúen, escogerás una u otra manera de concluir tu mensaje.

Todos los recursos que acabamos de considerar para iniciar un discurso pueden usarse para concluirlo.

¿Quieres que tus oyentes experimenten un sentimiento de esperanza? Utiliza una cita inspiradora o una visualización que represente cómo podría llegar a ser el mundo. Busca una cita singular, no algo que tus oyentes hayan oído probablemente muchas veces.

¿Quieres que se sientan más conectados a ti? Termina con una historia que los ayude a relacionarse contigo y que refuerce tu mensaje. Si has utilizado una historia al principio, haz referencia de nuevo a ella al final, especialmente si puedes usar un giro del relato para apoyar tu mensaje. Una de mis estudiantes comenzó su discurso con un relato sobre su infancia. Su discurso se centró luego en su meta de erradicar la pobreza en su país. Para concluir hizo referencia a cómo se sentiría hoy aquella niña.

¿Quieres que tus oyentes hagan algo? Introduce una llamada a la acción que sea lógica y fácil de llevar a cabo para los oyentes. Es aquí donde el objetivo de tu discurso es muy importante. ¿Quieres que tus oyentes te den su voto? Pídeselo al final del discurso. ¿Quieres que inviertan en ti? Haz una clara petición de fondos y explica cómo vas a usarlos. ¿Quieres que entiendan un asunto? Resume los puntos más importantes y explica las implicaciones para el futuro.

Cuando te acerques al final del discurso, habla despacio y con claridad. Aunque te sientas tentado a dejar que tu voz vaya apagándose al final, resiste. Lo que vas a decir será importante, y tus oyentes tienen que escucharlo y sentirlo. Haz que tu voz suba y baje con cada frase, y pronuncia la última más despacio para que cale hondo.

¿Deberías decir «gracias»?

A veces me gusta dar las gracias a mis oyentes al final de las charlas. Es una forma clara de decirles que hemos terminado, aunque también el tono de voz debe expresar que el discurso ha finalizado. Si no diste las gracias a los organizadores al principio, un buen momento para hacerlo es inmediatamente antes de la conclusión; las gracias deberían preceder a la conclusión. Lo que no deberías hacer es murmurar «gracias» y abandonar luego la plataforma apresuradamente. Si quieres dar las gracias a tus oyentes, detente un momento, míralos y hazlo con decisión.

En cuanto hayas escrito la parte principal del discurso, concéntrate en tus declaraciones iniciales y finales. Usa las técnicas que hemos mencionado para captar la atención de tus oyentes, reforzar el mensaje principal y hacer un llamado a la acción. Es difícil sentarse y encontrar inspiración para la introducción y la conclusión; puede que necesites levantarte, dar un paseo y ver si aparece la inspiración. Date tiempo.

CÓMO ESCRIBIR UN DISCURSO EN TREINTA MINUTOS

¿Qué puedes hacer cuando solo tienes treinta minutos para preparar un discurso? La hoja de ruta del escritor de discursos es una fórmula fácil y rápida que he desarrollado para mis clientes. Puedes descargar una versión en PDF en www.speakwithimpactbook.com. ⊕

1. **Concéntrate:** Encuentra un lugar tranquilo y silencia todos tus dispositivos digitales y notificaciones.

2. **Hazte las tres preguntas:** «¿Quiénes son tus oyentes?», «¿Cuál es tu objetivo?» y «¿Por qué tú?».

3. **Determina tu mensaje principal:** expresa en una frase cuál es el mensaje principal de tu discurso.

4. **Genera ideas:** Genera ideas: escribe los puntos principales. No te preocupes por el orden; limítate a generar ideas.

5. **Estructura:** A partir de esta lista de puntos, escoge aquellos tres que refuercen mejor tu mensaje principal; esta será tu estructura.

6. **Recorta:** Suprime toda la información accesoria que no refuerce tu mensaje principal.

7. **Escribe la introducción y la conclusión:** Piensa en cómo vas a comenzar y terminar el discurso para captar la atención de tus oyentes.

8. **Crea un bosquejo:** Crea un documento final con la introducción, los tres puntos principales y la conclusión. Piensa en cómo vas a pasar de un punto a otro.

9. **Léelo en voz alta:** Imprime el documento, lee tu discurso en voz alta y asegúrate de que suene como *tus palabras, tu voz*.

10. **Practica, practica, practica:** Practica el discurso delante de un espejo, un colega o grábalo en vídeo.

¡Y ya estás listo!

CAPÍTULO 4

Empodera a tu público

Recursos cruciales para conectarte con tus oyentes

EL PODER DE PERSUASIÓN

Cada discurso es una oportunidad para influir en la conducta de las personas: su forma de pensar, sentir o actuar. ¿Suena a manipulación? Lamentablemente, a veces lo es. A lo largo de los siglos, dictadores y fanáticos han usado los discursos para incitar al pueblo a la violencia, para enfrentar a las personas entre sí y para incitar al odio. Y siguen haciéndolo, en línea y en persona. Hablar en público es un recurso, y puede utilizarse para bien o para mal. A continuación, te ofrezco recursos de persuasión que puedes usar en tus discursos, presentaciones y conversaciones, y te pido que las uses de manera responsable. Reconoce el poder que tienes cuando hablas delante de un grupo y usa este poder para el bien.

La segunda de las tres preguntas es: *¿Cuál es tu objetivo?* Este objetivo implica normalmente alguna forma de influencia. Incluso una presentación informativa debería persuadir a tus oyentes de que eres una fuente digna de confianza y de que tu información es veraz.

Miles de años después seguimos aludiendo a la *Retórica* de Aristóteles y a los tres ejemplos de persuasión que describe[1]. Este filósofo afirma que los oradores persuaden a sus oyentes mediante una combinación de tres elementos: *ethos*, *logos* y *pathos*.

Ethos

Siempre que te pones ante una audiencia, tu credibilidad y autoridad pronuncian una parte del discurso. Si te consideran una persona digna de confianza y bien informada, tus oyentes estarán más inclinados a escucharte. Puede que sea tu cargo de presidente ejecutivo lo que llevó a los organizadores a invitarte como orador. Pero tu *ethos* (carácter, conducta) no solo procede de tu cargo, sino también de tu experiencia. Puede que, aunque seas nuevo en la empresa, tengas veinte años de experiencia en el sector: Esta experiencia es parte de tu *ethos*.

Cuando te sientas nervioso antes de dar un discurso, recordarte tu *ethos* te ayudará a reforzar tu confianza: «Llevo veinte años estudiando este tema. Lo conozco a fondo». Una falta de *ethos* puede también llevar a una falta de confianza: «Acabo de salir de la universidad; ¿por qué querría alguien escucharme?». En este caso, la tercera de las tres preguntas, *«¿Por qué tú?»*, te ayudará a desarrollar tu confianza, ya que esta procede de tu pasión por el tema.

Logos

Las palabras que usas son importantes. Tu lenguaje y tus argumentos también. *Logos* tiene que ver con tu capacidad de presentar un argumento lógico y hechos que refuercen tu posición. Cuando tu discurso discurre sin objetivo o final a la vista y tus argumentos carecen de lógica, les falta *logos* y tu exposición es menos persuasiva. Todos hemos asistido a esta clase de presentaciones.

Para muchos, el elemento *logos* es el más obvio de los tres modos de persuasión. De hecho, algunas personas piensan que este aspecto es la *única* forma de persuasión, pero los hechos rara vez convencen *per se* a una audiencia. De hecho, el llamado sesgo de confirmación nos muestra que, cuando se nos confronta con hechos que contradicen nuestras creencias, los rechazamos y nos adherimos todavía más firmemente a nuestras creencias[2]. Si alguna vez has intentado ganar una discusión política con un pariente mayor que sostiene una ideología opuesta a la tuya, habrás entendido rápidamente la inutilidad de los hechos, especialmente cuando él parece tener los suyos. Los hechos y la lógica son un elemento crucial de un argumento persuasivo, pero su poder aumentará cuando incluyas el tercer elemento: *pathos*.

Pathos

Si no crees en lo que estás diciendo, no podrás persuadir a otras personas. Si no te interesa el tema del que estás hablando, tampoco despertarás el interés de tus oyentes. Aquí no hablamos del contenido en sí, sino de tu pasión o interés por él.

El *pathos* apela a las emociones de las personas, y la emoción es un elemento muy potente y persuasivo. Antes he dicho que el discurso es una oportunidad de desarrollar una relación de confianza con nuestros oyentes: lo hacemos mostrando que somos personas reales con emociones reales. Las emociones son universales. Vivas en el país que vivas y sea cual sea tu idioma, todo el mundo entiende los sentimientos de temor, amor, esperanza o pérdida. Contar una historia personal es una forma de introducir *pathos* en tu discurso; pedirles a los oyentes que imaginen un panorama vívido es otra. Después de describir determinadas estadísticas para ilustrar una tendencia, una sencilla historia puede hacer que las estadísticas cobren vida y sentido.

Ethos, logos, pathos. ¿Cómo decides qué utilizar? Un discurso o presentación potente tiene una combinación de las tres cosas, y el equilibrio exacto depende de cuál sea tu público y tu objetivo. ¿Quiénes son tus oyentes y con qué se identifican? Si te diriges a oyentes escépticos que no te conocen, céntrate en tu credibilidad: *ethos*. Si se trata de un grupo de científicos para quienes solo cuentan los hechos, desarrolla un sólido argumento a favor de tu posición: *logos*. Si estás ante un grupo de padres preocupados, introduce una emotiva apelación a su deseo de proteger a sus hijos: *pathos*. Estos tres elementos también pueden solaparse: los hechos que expones pueden suscitar una emotiva llamada de atención; una historia personal puede avalar tu credibilidad.

Cinco elementos de persuasión

En mis quince años de experiencia ayudando a mis clientes a elaborar mensajes convincentes, he descubierto que un argumento es persuasivo cuando responde a cinco preguntas que tu público se está haciendo:

1. **¿Por qué tú?** ¿Por qué te preocupa este tema como orador? Si a *ti* no te interesa el tema, no puedes, entonces, despertar interés en *tus oyentes*.

2. **¿Por qué yo?** ¿Por qué deberían tus oyentes interesarse por este tema? Haz que sea relevante para ellos.

3. **¿Por qué ahora?** ¿Qué hace que este asunto sea urgente y oportuno? Convence a tus oyentes de que actúen ahora.

4. **¿Por qué tomarse la molestia?** ¿Conseguiremos realmente cambiar algo? Dales a tus oyentes la esperanza de un resultado positivo.

5. **De acuerdo, ¿y ahora qué?** ¿Qué deberíamos hacer? Dales a tus oyentes pautas de acción específicas. Cuánto más fácil sea lo que le pides a tu público, más fácil será que lo hagan.

Cuando elabores un argumento persuasivo, intenta responder también a estas preguntas. Descubrirás que puedes integrarlas fácilmente en la secuencia motivadora de Monroe o en cualquier otra estructura.

Además de responder a estas preguntas clave, puedes usar ciertos recursos para hacer que un discurso o presentación sean más persuasivos.

Recursos de persuasión

Un libro que me abrió los ojos sobre el poder de la persuasión fue *Ideas que pegan*, de Chip Heath y Dan Heath[3]. Desde que salió en 2007, lo he leído y releído por su potente mensaje sobre hablar en público. Los hermanos Heath estudiaron lo que hace que las ideas se adhieran a la mente, independientemente de su validez, y descubrieron que este tipo de ideas contenían al menos uno de estos seis principios. Es posible usarlos todos en un solo discurso:

Simplicidad: Prepara un mensaje claro y conciso en lugar de perderte en los detalles.

Imprevisibilidad: Usa una cita o estadística sorprendente que capte la atención de las personas.

Concreción: Usa descripciones vívidas que describan situaciones en la mente de tus oyentes.

Credibilidad: Basa tus citas o argumentos en una fuente digna de confianza, alguien que los oyentes conozcan y respeten.

Emociones: Apela tanto al corazón como a la mente de las personas; usa valores compartidos.

Historias: Cuenta historias para que tus oyentes sientan lo mismo que si las hubieran vivido contigo.

 Cuando leas tu discurso entero, pregúntate:

• ¿Tiene mi argumento un equilibrio apropiado de *ethos, logos* y *pathos*?

• ¿Mi argumento aborda los cinco elementos de la persuasión? ¿Qué puedo hacer para crear un sentido de apremio sobre el asunto y dar esperanza a mis oyentes? ¿Tengo un llamado a la acción adecuado?

• ¿Qué recursos de persuación darán mejores resultados?

EL PODER DE LAS HISTORIAS

Era un caluroso día veraniego de 2012 en Washington D. C. y yo me dirigía a un edificio en Farragut Square, a dos manzanas de la Casa Blanca. Recuerdo perfectamente el traje chaqueta que llevaba y la emoción que sentía. Iba a comenzar un nuevo trabajo, en una nueva ciudad, y tenía toda la vida por delante. Lo que sucedió después lo cambió todo.

Así comienza una de las historias que suelo contar sobre un momento decisivo de mi vida. Las historias son uno de los recursos más potentes que podemos usar para conectar con un público. Nuestro cerebro reacciona de manera distinta a las historias que a los hechos y las cifras. Cuando describes olores, vistas o sonidos, estas zonas sensoriales del cerebro de tus oyentes se iluminan. Su imaginación siente de un modo muy real las emociones que tú describes en tu relato. Annette Simmons, experta en narrativa y autora del libro *Whoever Tells the Best Story Wins* («Gana el que cuenta la mejor historia»), afirma que, si una historia «cambia las emociones del grupo, cambia también lo que sucede a continuación. Las emociones cambian la conducta». ⊕

El profesor Paul Zak, un neuroeconomista de Claremont Graduate University, descubrió que escuchar relatos emotivos libera oxitocina, una sustancia química que aumenta la confianza y la empatía en la mente de los oyentes[4]. Si te diriges a personas que tienen reservas hacia ti, escuchar una historia personal les permite experimentar tus sentimientos, comenzar a relacionarse contigo como persona y confiar en ti.

¿Cómo formaron tus valores los miembros de tu familia? Probablemente contándote historias de cuando eran jóvenes. Los relatos de mi familia configuran mi identidad y la forma en la que me percibo a mí misma. Pensemos en la historia de mi abuela que, siendo una jovencita, tomó un autobús sola de Nueva York a Florida, o de mi madre que aprendió a pilotar un avión ¡cuando estaba embarazada de nueve meses, de mí! Estas dos historias forman parte de las tradiciones de mi familia y configuran mi independencia y amor por los viajes.

En mi experiencia, las historias más impactantes no son aquellas en las que todo va saliendo bien, sino las que muestran una lucha y subrayan nuestros fracasos en lugar de nuestros puntos fuertes. Puede ser una historia divertida con la que los oyentes pueden ver que sabes reírte de ti mismo o un relato sobre una situación embarazosa que muestra tu vulnerabilidad. A través de nuestros fallos, nuestros oyentes nos ven como seres humanos y se relacionan con nosotros a un nivel más profundo.

Hace algunos años yo trabajaba con un grupo de directores de escuelas públicas en Washington D. C. Eran un grupo de dirigentes motivados y comprometidos que querían ofrecer un entorno educativo y formativo seguro a sus estudiantes, muchos de los cuales procedían de trasfondos desfavorecidos. Tuvimos una sesión para generar ideas sobre cómo podían ganarse la confianza de sus estudiantes cuando hablaban en las reuniones escolares o en sus conversaciones personales. En lugar de compartir los relatos de sus éxitos, lo cual los pondría en un pedestal, estos directores buscaron relatos de luchas y pérdidas que permitirían que sus estudiantes se identificaran con ellos.

Estas historias no tienen que ser excesivamente personales. Si eres un ejecutivo empresarial, puedes contar una historia sobre el periodo en el que comenzaste a trabajar en tu organización y lo que aprendiste en esta etapa. Si eres jefe de ventas, puedes contarles a tus vendedores jóvenes la experiencia de abrir una nueva oficina y tener que construir una cartera de clientes desde cero.

Y si son relatos personales, *tampoco pasa nada*. No somos robots haciendo negocios con otros robots, sino seres humanos relacionándonos con otros seres humanos, aunque hablemos de economía, política o cadenas de distribución. Cuando conectamos a nivel personal, desarrollamos una confianza que genera mejores relaciones laborales. Si estás hablando con un cliente potencial, una historia personal sobre cómo valoras el servicio al cliente es una forma muy potente de decirle: «Yo me ocuparé de tus necesidades».

Una advertencia: cuidado con las historias *demasiado* personales. Temas como enfermedades, parejas o divorcios pueden hacer sentir incómodos a tus oyentes por considerar que estás dando demasiada información sobre algo privado.

Los estudiantes extranjeros de mi clase en Harvard sugieren que el uso de historias en los discursos es algo muy «americano». Pero las historias son universales. Puede que en su país de origen no sea muy común usarlas en discursos comerciales o políticos pero, aun así, sigue siendo un potente recurso que podemos usar a nuestra manera. Hablemos de cómo encontrar y escoger una historia.

Cómo encontrar una historia

Comienza pensando en el propósito. ¿Qué aspecto pretendes subrayar? ¿Qué valor intentas impartir? ¿Cómo quieres que se sientan tus oyentes? Piensa en una anécdota de tu vida profesional o personal que ilustre esta cuestión. Por ejemplo, si yo estuviera dando una charla sobre la importancia de la paridad de género en el ámbito laboral, podría contar una experiencia sobre ser la única mujer en una conferencia.

He recogido algunos ejercicios maravillosos que propone la oradora internacional Olivia Schofield: haz una lista de todas las experiencias importantes de tu vida, desde la infancia hasta el estado adulto. Escribe junto a cada una de ellas la lección que aprendiste. O haz una lista de las personas importantes de tu vida. Escribe cómo las conociste y una historia que viviste con ellas. Estas anécdotas pasan a ser tu base de datos de historias; la próxima vez que tengas que escribir un discurso, consulta esta base de datos para elegir una historia que encaje con el mensaje.

En su obra *Whoever Tells the Best Story Wins*, Annette Simmons habla de seis tipos distintos de relatos que podemos usar; te animo encarecidamente a leer su libro, que te acompañará en el proceso de elaborar cada uno[5]. Ella usa también las siguientes pautas narrativas: habla de alguna ocasión en la que brillaste, de alguna en la que metiste la pata, de un mentor o de un libro, película o evento actuales.

Estas cuatro pautas ponen de relieve ricos ejemplos de historias que puedes compartir.

Cómo escoger una historia

Cuando te hagas la primera de las tres preguntas: *¿Quiénes son tus oyentes?*, sabrás qué relatos usar. ¿Se identificarán tus oyentes con historias de persistencia o fracaso? ¿Son personas más analíticas o más emocionales? ¿Tu historia conectará con públicos de distintos países y edades? Si la historia te hace sentir incómodo a ti o a alguno de tus oyentes, posiblemente no sea adecuada. Si sientes que el relato en cuestión puede quebrarte la voz y hacerte llorar, podría ser demasiado personal. Si la historia alude a otra persona, asegúrate de que está de acuerdo con que la utilices.

No te inventes historias: si el propósito de un discurso es desarrollar la confianza de tus oyentes, mintiéndoles solo conseguirás destruir dicha confianza. Sí puedes crear una *parábola*, pero deja claro que no es una historia real. Tampoco uses la historia de otra persona como si fuera tuya. Puedes hacer referencia a ella citando a quienes la vivieron, pero pídeles permiso antes.

Cómo escribir una historia

Marshall Ganz, un profesor de la *Harvard Kennedy School* que enseña cursos de liderazgo sobre narración pública y organización comunitaria, me dio las siguientes pautas sobre narración de historias[6]. ⊕ El profesor Ganz explica que las historias tienen un personaje, una trama y una moraleja. Dentro de la trama hay un reto, una decisión y un resultado. Ahí van algunos ejemplos de preguntas para ayudarte en el proceso de elaboración de la historia. Si tú no eres el personaje de la historia, escribe el relato en segunda persona para aludir al personaje.

- ¿Dónde estabas? Concéntrate en un momento concreto: presenta la escena explicando dónde te encontrabas y lo que estabas haciendo. Sé lo más descriptivo posible para que tus oyentes se sientan como si estuvieran allí contigo.

- ¿Qué sucedió? ¿Cuál fue la situación que se te presentó? Describe lo que estaba en juego y cómo te sentiste.

- ¿Cómo respondiste? ¿Qué decisión tomaste? Tu acción produjo un resultado.

- ¿Cuál fue el resultado? Pinta una imagen vívida de lo que sucedió como consecuencia de lo que hiciste.

- ¿Cuál fue la moraleja? La historia conlleva una moraleja o enseñanza. Combina esta moraleja con algo que estés desarrollando en tu discurso.

Errores que se cometen al contar historias

1. **No se cuenta realmente una historia.** A veces el orador se limita a enumerar algunos acontecimientos. Una historia es algo que sucedió en un determinado momento.

2. **Se pasan por alto detalles cruciales.** La persona que cuenta la historia estaba presente y sabe lo que sucedió. Pero quienes la escuchan ahora necesitan más detalles. Asegúrate de que tu relato transmita a tus oyentes una idea completa de lo sucedido sin saltarte ningún paso o, si estás resumiendo una historia larga, asegúrate de que no falta ninguna transición importante.

3. **Se dan *demasiados* detalles.** Es importante ofrecer el contexto del relato, pero sin excederse. Muchas personas quieren dar tantos detalles del trasfondo que desvían la atención de la propia historia.

4. **No se expresan sentimientos.** El poder de una historia está en los sentimientos que suscita en el corazón y mente de los oyentes. Si el orador no explica cómo se siente, los oyentes no empatizarán con el relato ni con él.

5. **No se conecta la historia con el mensaje.** Algunas personas cuentan una historia sin conectarla con el mensaje de su charla. La historia y su moraleja deberían ser relevantes para alguno de los puntos que quieres expresar.

Una buena forma de comprobar que te sientes cómodo contando tu historia es contársela a otras personas a modo de ensayo. A veces escogemos una historia sin entender que es demasiado personal. Si quieres contar una historia sobre un familiar que falleció tras una larga batalla con la enfermedad y no puedes hacerlo sin convertirte en un mar de lágrimas, puede que todavía no sea el momento. Es adecuado mostrar emoción al contar una historia (de hecho, ¡es muy importante!) pero, si te distrae del mensaje principal del discurso, puede que sea demasiado personal. Ensáyala ante alguien de confianza antes de usarla con tu público.

Cómo contar una historia

Asumamos que ya has escrito una historia. ¿Cómo puedes usarla en tu discurso? ¿En qué lugar la colocas?

Hay tres formas especialmente eficaces de utilizar los relatos: al introducir el discurso, al concluirlo o para ilustrar alguno de los puntos. Podrías hacerlo en los tres casos, pero esto dependerá de la extensión del discurso y de la naturaleza de tu público. Si estás dando una presentación o haciendo una promoción técnica y temes que tus oyentes estén excesivamente pendientes de las imágenes en lugar de mirarte a ti, puedes captar su atención con una historia del ámbito profesional.

Cuando comiences a contarla, tus oyentes dejarán las imágenes y gráficos y comenzarán a conectar contigo.

No introduzcas la historia. Muchas personas suben a la plataforma y dicen: «Buenos días, voy a contarles una historia sobre algo que sucedió en mi vida y que define quién soy en este momento». Limítate a contar la historia. Una de mis estudiantes expresó brillantemente este principio comenzando su discurso con esta frase: «El tiroteo empezó a las cinco y media de la mañana».

No leas la historia. La belleza de un relato está en el hecho de que quien la cuenta sabe lo que sucedió. No hay necesidad de memorizar estadísticas o información de trasfondo. No te preocupes si no sale exactamente igual como la practicaste: nunca sucede así. Confía en que, por haberla practicado, contarás una buena historia.

Haz una pausa tras el relato, tanto antes como después de revelar la moraleja. Muchas veces las personas cuentan la historia corriendo y pasan después al resto del discurso sin dejar tiempo para que los oyentes absorban la moraleja. Los oyentes experimentan la historia por primera vez. Necesitan tiempo para pensar lo que significa para ellos. ¡Dáselo! Cerciórate de que tus expresiones faciales y tu voz coinciden con la emoción de la historia. Si estás hablando de una tragedia personal, haz que tu rostro y tono lo reflejen.

Si deseas escuchar a otras personas contando sus historias, mira en TheMoth.org. La misión de The Moth es «promover el arte y oficio de contar historias, así como honrar y celebrar la diversidad y similitud de la experiencia humana». Preparan eventos en directo por todo el mundo y su eslogan es «Historias de verdad contadas en vivo»[7]. Algunos de quienes cuentan sus historias en The Moth son famosos, pero la mayoría no. Son personas normales que quieren compartir algo que les sucedió. Una vez hablé en uno de sus eventos en Washington D. C. y soy una devota oyente de su podcast semanal.

El profesor Ganz afirma que «las historias, contadas en el momento adecuado, pueden suscitar un intenso sentido de apremio, esperanza, ira, solidaridad y la convicción de que las personas, actuando juntas, pueden cambiar las cosas»[8]. Los relatos te ayudan a hablar con impacto.

Una vez que escribiste tu discurso o presentación, vuelve y pregúntate dónde puedes añadir una historia para ilustrar lo que quieres decir. Analiza acontecimientos de tu vida que te han hecho ser la persona que eres y conviértelos en historias que puedas compartir.

EL PODER DEL HUMOR

¿Crees que eres una persona divertida? ¿Tus chistes consiguen que tus oyentes se rían a carcajadas? Yo no. Y esta no es la clase de humor que necesitas en un discurso.

El humor es un recurso increíblemente potente. En el momento en el que los oyentes se rían contigo, habrás conectado con ellos. Con el humor, demuestras que tienes suficiente confianza para reírte a carcajadas y que no te tomas demasiado en serio a ti mismo. El humor puede también suavizar temas o situaciones difíciles, calmarnos y captar la atención de tus oyentes[9].

Cuando pensamos en el humor, lo primero que nos viene a la mente por regla general son los chistes. A continuación, solemos concluir: «Puesto que no soy bueno contando chistes, no soy bueno en cuestiones de humor». Pero, de hecho, no te recomiendo contar chistes. Esta forma de humor requiere capacidades y técnicas muy concretas, como el ritmo y la pausa. Los cómicos pueden pasarse años preparando un solo chiste. Por suerte, hay otras muchas formas de usar el humor en un discurso.

Formas de usar el humor en un discurso

Historias. Una historia con un desenlace divertido o inesperado es un gran recurso de humor. Es posible que sea «lo más descabellado que ha sucedido en nuestra tienda».

Citas. Una cita divertida es una forma maravillosa de comenzar un discurso. Me encanta esta frase de George Jessel: «El cerebro humano comienza a funcionar cuando naces y nunca se detiene hasta que tienes que hablar en público».

Imagen cómica. En el mundo empresarial estadounidense, los cómics de Dilbert son una fuente constante de ironía. Me encantan los «desalentadores» posters que se venden en www. despair.com. Si quieres usar alguna de sus imágenes, asegúrate de que tienes permiso para hacerlo.

Situacional. Comentar una experiencia compartida, como anécdotas de la cocina o el aire acondicionado de la sala de conferencias, puede ser una gran forma de hacer reír a tus oyentes y de recordarles lo que todos comparten.

Una vez asistí a un taller fabuloso (y divertido) con la humorista y oradora Judy Carter, que había sido invitada para una reunión en D.C. de la *National Speakers Association*. Desde entonces, recomiendo sus libros y recursos sobre el uso del humor en los discursos. Su libro *The Message of You* contiene importantes consejos y técnicas para el uso del humor, y es una excelente guía para alguien que quiere desarrollar sus capacidades como orador profesional. ⊕

Dónde usar humor

Un lugar perfecto para el humor es al comienzo del discurso (¿recuerdas lo que dijo el humorista Tim The Dairy Farmer sobre la importancia de hacer reír a los oyentes antes de los ocho segundos?). Cuando me presento ante un público, suelo decir: «Me llamo Allison Shapira y soy una cantante de ópera rehabilitada». Es una frase que, por inesperada, capta la atención de la gente y la hace reír a carcajadas. Si nadie se ríe, me preparo entonces para tratar con una audiencia difícil.

Puedes usar algo de humor justo después de un tema difícil para suavizar la atmósfera y pasar a un nuevo tema. Un buen momento para el humor es cuando acabas de cometer un error. Una vez, el orador de una presentación no conseguía que las diapositivas se mostraran correctamente a pesar de sus esfuerzos. En un momento miró con cara de pena a sus oyentes y dijo: «El PowerPoint nos da la vida... y también nos la quita».

En otra ocasión me encontraba dirigiendo un taller para una agencia gubernamental que se emitía simultáneamente a centenares de trabajadores en lugares remotos. Yo llevaba un micrófono de solapa para que el audio llegara a quienes nos seguían virtualmente. Hacia la mitad de mi presentación, el micro dejó de funcionar. El técnico de sonido vino donde estaba yo y, en medio de una frase, me dio un micro portátil y comenzó a manipular el receptor que yo llevaba sujeto detrás, en el cinturón.

¿Cómo respondí? Me detuve y respiré hondo; después, dije a mis oyentes: «Muy bien. Y ahora voy a seguir hablando como si *no* hubiera alguien detrás de mí jugando con mi cinturón». Todos se rieron; finalmente se resolvió el problema del micro y seguimos adelante. Si los oyentes ven que te ríes, sienten que pueden relajarse.

Tras comentar el poder del humor deberíamos hablar también de sus *peligros*. Cuando nos dirijamos a personas de distintas nacionalidades, recordemos que el humor es muy cultural. Algo que funciona en un país puede no funcionar en otro. La frase que suelo usar en mis introducciones: «Soy una cantante de ópera rehabilitada», no acaba de funcionar fuera de Estados Unidos, porque en otros países no se entiende la referencia a la «rehabilitación». De hecho, aun dentro de nuestro país, esta palabra podría resultar confusa para algunas personas. Una vez, tras un concierto de una de mis solistas preferidas en Central Park, Manhattan, fui a saludarla y le dije con entusiasmo: «Soy una cantante de ópera rehabilitada, ¡y has sido una enorme inspiración para mí!». Ella dio un paso atrás, me miró perpleja y me preguntó: «¿De qué dices que te rehabilitaste?».

Cuando quieras introducir algo gracioso, pregúntate si te estás burlando de alguien. Está bien que te rías de ti mismo, pero no de otras personas. Piensa con mucho cuidado si tu humor puede percibirse como motivado por prejuicios. Puede que hace muchos años fuera apropiado bromear sobre mujeres preocupadas por cuestiones de ropa o maquillaje. Hoy, en el ámbito profesional, esto degrada el valor profesional que aportan las mujeres.

¿Se debe bromear con cuestiones políticas? A estas alturas del libro seguro que ya conoces la respuesta a esta pregunta: depende de tus oyentes. Solo recuerda que los discursos a puerta cerrada en realidad ya no lo son. Si tu discurso se publica en línea ¿seguirá sonando divertido?

Si te sientes incómodo con el uso del humor, no te fuerces a usarlo. Encuentra algo con lo que te sientas cómodo. Todos hemos estado en situaciones en las que decimos algo supuestamente gracioso y nuestros oyentes responden con un embarazoso silencio sepulcral. O, peor todavía, escandalizándose. Prueba tu humor con otra persona para cerciorarte de que otros lo ven divertido. Practícalo, púlelo y asegúrate de no usarlo de forma precipitada. Tienes que sentirte cómodo con él antes de ponerte delante del público.

El humor es un recurso increíble para hacer que tus oyentes se relajen y conecten contigo. Dedica tiempo a encontrar estilos que te funcionen y pruébalos con otras personas antes de usarlos en público.

Piensa en el público y el lugar de tu discurso. ¿Qué humor situacional puedes incorporar? ¿Qué historias divertidas y relevantes puedes contar para que tus oyentes puedan conectarse? Practícalas con un amigo o colega para asegurarte de que son divertidas y apropiadas.

CAPÍTULO 5

Pule el discurso

Los últimos pasos que descuida la mayoría

PULE EL DISCURSO

Es la noche anterior a tu compromiso; es tarde y tú sigues intentando sin éxito crear un mensaje coherente mientras luchas mentalmente contra el temor al desastre. Ahora desearías haber comenzado a escribir el discurso una semana antes en lugar de esperar hasta el último momento.

En este momento ya *no* hay tiempo de pulir tu discurso y, sin embargo, este es uno de los pasos más importantes del proceso. La fase de pulir empieza cuando dejas el discurso por un tiempo para después mirarlo de un modo nuevo y comenzar estratégicamente a mejorarlo. Esta tarea la hacemos mejor cuando estamos en un estado relajado y creativo, en ese periodo perfecto del día que hemos apartado para escribir. Estas son algunas cosas que hemos de buscar en este proceso de pulir el discurso.

¿Tienen todas las secciones la misma importancia? Si el discurso tiene tres puntos y el primero ocupa dos terceras partes del tiempo, conviene que lo reduzcas para que los tres tengan la misma extensión.

¿Tienes transiciones de una sección a la siguiente?
Cuando estoy practicando un discurso y no me acuerdo bien
de lo que sigue, es normalmente porque no he hecho una transición lógica. Si quieres ver un maravilloso ejemplo de transiciones en un discurso, escucha el discurso anual sobre el Estado de la Unión de algún presidente de los Estados Unidos. En
un espacio aproximado de una hora, el presidente tiene que
entretejer docenas de temas en un discurso bien cohesionado.

¿Dónde puedes añadir eco o repetición? ¿Hay alguna
expresión que pueda repetirse a lo largo de todo el discurso?
Puedes ver un ejemplo en el eslogan de campaña del presidente
Obama, «*Yes we can*» («Sí, podemos»), o en la charla TEDx
del congresista Bob Inglis con el eco «Es usted un miembro
conservador del Congreso». Puedes ver estos vídeos en www.
speakwithimpactbook.com. ⊕ Los ecos deberían reforzar el
mensaje principal de tu discurso.

¿Dónde podrías insertar algunos ejemplos personales?
Una forma eficaz de dar vida a un concepto es contar una historia o una breve anécdota que lo ilustren. En el capítulo 4
aprendimos a hacerlo de forma efectiva.

¿Dónde puedes insertar datos o estadísticas? Puedes
demostrar que esta historia personal forma parte de un asunto
más amplio introduciendo alguna estadística.

**¿Dónde puedes apoyar a tus oyentes o validar su ex-
periencia?** Si me estoy dirigiendo a empleados de una determinada empresa, citaré a menudo a su equipo directivo para
reforzar lo que estoy diciendo. Nota: ¡Esto solo funciona cuando los empleados confían en su equipo directivo!

¿Dónde están los posibles peligros? En ocasiones un
argumento, cita o hecho nos parece razonable, pero algunos

de nuestros oyentes (u espectadores en línea) podrían malinterpretarlo. Lee todo el discurso o presentación, prestando atención a la interpretación que pueden hacer estas personas conflictivas. Si tienes dudas, habla con alguien que entienda a tus oyentes. Busca aquellas frases que suenen poco naturales y cámbialas por otras que te hagan sentir más cómodo. Si repasas varias veces el discurso y sigues haciendo una pausa en el mismo lugar, es una buena señal de que deberías cambiar el lenguaje o el concepto.

Ejercicios que puedes usar con tus oyentes

Por regla general, quiero captar inmediatamente la atención de mis oyentes (en los primeros ocho segundos) y planeo alguna forma de actividad participativa cada diez o quince minutos. Como formadora, esta actividad podría ser un debate o un ejercicio verbal. Aunque no seas formador, puedes plantear alguna pregunta para que tus oyentes la comenten en grupos de dos o en sus mesas.

Los formadores sabemos que cuanto más participan las personas, más aprenden. Puedes incluir actividades de interacción en distintos lugares:

Al principio de una presentación. Ayuda a los oyentes a conocerse unos a otros e introduce el tema. Por ejemplo, si te diriges a un grupo de expertos, podrías pedirles que cuenten a la persona que tienen al lado cómo han manejado un determinado asunto y, después, pedir voluntarios que lo compartan con el grupo.

Después de hacer una recomendación. Si estás recomendando un curso de acción, puedes pedirles a tus oyentes que comenten en grupos pequeños cómo pondrían en práctica tu recomendación y qué obstáculos podrían encontrar. Esto ayuda a los oyentes a comenzar a apropiarse de la recomendación.

Para dividir una presentación. Si estás a punto de pasar a un nuevo punto, detenerse para una breve discusión es una forma útil de asegurarte de que tus oyentes te están siguiendo.

Este tipo de ejercicios son especialmente eficaces con personas introvertidas, que posiblemente no se sienten cómodas hablando abiertamente y haciendo comentarios en público. Pero, introvertidas o extravertidas, las personas que tienen miedo de hablar en público no se sentirán cómodas expresando abiertamente sus ideas. Los debates en grupos pequeños durante tu presentación pueden ser una manera eficaz de introducir nuevas ideas que de otro modo no podrías abordar.

Lee tu discurso con la idea de pulirlo, buscando equilibrio y transiciones. Busca formas de compensar el contenido; añade repeticiones, historias o datos y busca posibles peligros. Considera formas de añadir interacción con los oyentes, si es apropiado.

HAZ TU DISCURSO MÁS CONCISO

Una de las cosas que más frecuentemente nos preguntan nuestros clientes y estudiantes es cómo ser concisos. En el mundo empresarial estadounidense, la concisión es una apreciada capacidad de liderazgo. Aunque en otros países los oyentes pueden apreciar un desarrollo más indirecto y extenso de los puntos principales, en Estados Unidos quieren que *vayas al grano*.

Tuve una jefa que presidía la reunión semanal de personal y tenía que ponernos al día sobre las novedades. Solo disponía de cinco minutos al final del programa, pero a menudo se extendía *hasta cuarenta* minutos en divagaciones. Todos queríamos volver al trabajo, pero aquellas presentaciones nos dejaban desmotivados y agotados. ¡No nos infundían confianza en su liderazgo!

La capacidad de liderazgo de muchos de mis clientes se valora en parte por ser concisos cuando hablan. Nuestro tiempo es valioso y hay información importante que hemos de comentar. Nadie quiere sentarse en una reunión interminable escuchando seis largas presentaciones.

El secreto de un discurso conciso no es ningún secreto: simplemente tienes que proponértelo seriamente. Según se dice, Miguel Ángel afirmó: «Cada bloque de piedra tiene una figura en su interior; la tarea del escultor es descubrirla»[1]. Tu discurso inacabado es como un bloque de mármol con una estatua que espera su liberación. En cuanto hayas decidido cuál ha de ser el *contenido* de tu discurso, debes quitar lo que *no* forma parte de él. Pregúntate en cada frase: «¿Refuerza esto el mensaje principal del discurso? ¿Debo decirlo?». Si la respuesta es no, quítalo. Cuanto más digamos, menos nos escucharán nuestros oyentes, así que asegúrate de que cada palabra y cada expresión añada significado a tu discurso.

Un amigo me escribió ansioso la noche antes de un discurso importante. Dijo: «¡Necesito ayuda! Tengo que impartir los comentarios finales de una serie de conferencias. Me han pedido que hable durante veinte minutos, pero solo tengo unos quince minutos de contenido que merece la pena. ¿Debería añadir algún material de relleno?». Le respondí: «En toda la historia de las conferencias, nadie se ha quejado nunca de que los comentarios finales fueran demasiado breves. Quince minutos es un tiempo perfecto». A no ser que seas un orador profesional a quien pagan para que impartas un discurso de apertura de noventa minutos, acabar un poco antes no es un problema. Si puedes decir lo que quieres de un modo conciso y convincente, hazlo.

Saber que deberías ser conciso y *serlo* son dos cosas distintas.

Estas son algunas preguntas que te ayudarán a ser más conciso:

- **¿Cuáles son mis tres puntos principales?** ¿Tengo que explicarlos en detalle?

- **¿Tengo que contar cada una de las historias o anécdotas?** ¿Podría eliminar alguno de los ejemplos?

- **¿Dónde digo «y»?** ¿Podría eliminar la segunda mitad de la frase o expresión?

- **¿Qué haría si solo tuviera la mitad del tiempo para la presentación?** ¿Qué es esencial y qué puedo descartar?

Estos son algunos consejos más para ser concisos:

- Pásale el discurso a un compañero y pídele que lo recorte. Es mucho más fácil para otra persona recortar lo que tú ha escrito.

- Pídele a tu compañero que te lea tu discurso. Cuando lo escuchas en voz alta, te es más fácil ver lo que debes recortar.

- Crea una versión de cinco minutos de tu discurso. Si tuvieras que presentar una versión abreviada de tu presentación, ¿qué ideas esenciales mantendrías? Esto te ayudará a identificar los puntos clave. Si el discurso ya dura cinco minutos, crea entonces una versión de un minuto.

Cuanto más te concentres en la concisión, más fácil te será ser más conciso. Comenzarás a leer el material, te dirás: «Esto no es relevante» y lo desecharás. Este proceso requiere tiempo, disciplina, creatividad y respeto por tus oyentes. No es algo que podamos hacer la noche antes del discurso, en un estado de agitación; hemos de hacerlo con una mente clara y concentrada. Pulir el discurso es lo que distingue una charla verdaderamente impactante de una perorata incoherente.

Usa alguno de los métodos que acabo de describir para recortar entre un 20 % y un 50 % del contenido de tu discurso. Imagina que solo tuvieras cinco minutos para presentar tu mensaje: ¿Cuál sería la información esencial que tendrías que mantener y cuál podrías recortar?

IMPLICA A TU PÚBLICO

¿Cómo puedes hacer que tus oyentes se impliquen?

Esta es una de las preguntas más importantes que me hacen mis clientes y a menudo expresa un entendimiento erróneo del concepto. No podemos añadir «implicación del público» a un discurso como podríamos añadir una historia o una pregunta retórica. Implicar a la audiencia consiste en captar su atención, motivándola a escucharte, y suscitando en ella una respuesta positiva: risa, asentimiento, comprensión, acuerdo o acción. Si un discurso es una conversación entre tú y tus oyentes, *todo lo que hagas durante el discurso debería hacer que tus oyentes se implicaran.* Concretamente, hacemos que las personas se impliquen a través de:

El contenido: Un discurso claro y conciso con indicadores constantes para mantener la atención de los oyentes

La forma de hablar: Un contacto visual significativo con tus oyentes y gestos que resalten tus palabras

La energía: Una voz clara que transmita tu pasión y convicción, y cree energía en la sala

La experiencia visual: Una descripción de un cuadro en la mente de tus oyentes, contando una historia que les haga sentir como si estuvieran en esa situación

> *El diálogo:* Haciendo una pregunta a los oyentes o pidiéndoles que comenten ciertos temas unos con otros.
>
> Conectamos con nuestros oyentes a lo largo de todo el discurso, no en un momento predeterminado. Todo lo que hacemos pretende atraer a los oyentes para llevarlos a comprender y actuar. Todo lo que aprendas en este libro te ayudará a ello.

PRACTICA EL DISCURSO

Digamos que eres un músico o atleta que va a participar en un gran evento musical o deportivo en el que todos los ojos van a estar puestos en ti y donde te juegas el futuro de tu carrera profesional. ¿Buscarías tiempo para practicar? ¡Estoy segura de que sí! La práctica es esencial cuando se trata de instrumentos musicales o de un deporte, y un discurso no es diferente. Un discurso potente puede elevar tu reputación y perspectivas profesionales dentro de una organización o tu visibilidad dentro de tu comunidad. ¿Qué puede, pues, impedir que practiques?

Con frecuencia no sabemos cómo practicar y creemos que no tenemos suficiente tiempo. A algunas personas no les gusta practicar porque les parece demasiado artificial. Pero no se trata de memorizar un guion, sino de suavizar los fragmentos difíciles. Es posible pulir un discurso sin renunciar a su autenticidad.

Voy a darte siete formas distintas de practicar describiendo a qué parte del discurso ayudará cada ejercicio. Es como usar una máquina en el gimnasio: cada ejercicio trabaja un grupo muscular distinto.

Primer método: Practicar en voz alta

Esferas de atención: Lenguaje, duración, autenticidad

Como antes he mencionado, practicar el discurso en voz alta te ayuda a asegurarte de la autenticidad del lenguaje que vas a usar y de que te sientes cómodo al pronunciar las palabras. También te cerciorarás de mantenerte dentro de los límites del tiempo que se te ha asignado. Uso este método tan pronto como termino de escribir el discurso después de pulirlo.

Segundo método: Practicar frente a un espejo

Esferas de atención: Comunicación no verbal

Este es el método que uso más a menudo. Me pongo delante de un espejo e identifico tres zonas detrás de mí a las que dirijo mi contacto visual (hablaremos de ello en el capítulo 6). Pruebo distintos gestos y movimientos para conseguir que mis movimientos armonicen con mis palabras. Practico pausas y contacto visual al mismo tiempo para procurar que mis palabras calen en la audiencia. Y compruebo mi postura para asegurarme de que estoy erguida. Esto lo hago dos o tres veces antes del discurso.

Tercer método: Practicar con una grabadora

Esferas de atención: Variedad vocal, enunciación, velocidad

Practicar con una grabadora te permite analizar solo tu voz sin distraerte con el lenguaje corporal. Al escuchar tu voz, pregúntate esto: ¿Armoniza el nivel de energía con el sentido de tus palabras? ¿Hablas de forma lenta y clara? ¿Tu acento hace que sea difícil entenderte? ¿Cuántas muletillas usas? En el capítulo 7 te enseñaré ejercicios que te ayudarán a hablar con una voz potente.

Cuarto método: Practicar con los accesorios que usarás

Esferas de atención: Ayudas visuales, duración

El uso de diapositivas alargará el tiempo de tu discurso (ver capítulo 9 sobre el uso de diapositivas). Si preparas el uso de accesorios didácticos (diapositivas, folletos, vídeos u otras ayudas visuales), imparte todo el discurso con estos medios y cuenta el tiempo que dedicas. Practica también la preparación de las ayudas visuales para que el día del discurso no te muestres inseguro ante tus oyentes. Si necesitas ayuda, ocúpate ahora de conseguir que alguien te ayude el día del discurso.

Quinto método: Practicar frente a otras personas

Esferas de atención: Mensaje, lenguaje corporal, confianza

En todos mis talleres, los participantes practican sus discursos frente a otros. Es increíblemente valioso ponerse frente a algunos colegas, amigos o familiares e impartir tu discurso. Algunos de mis clientes practican sus discursos frente a sus hijos adolescentes, para mostrarles que no son perfectos. Practicar frente a otras personas nos fuerza a establecer contacto visual con ellas y a escuchar sus comentarios sobre nuestro mensaje. Si quienes te escuchan conocen a los oyentes de tu próximo discurso y el tema que vas a desarrollar, sus comentarios sobre el contenido te serán muy útiles. Pero si vas a hablar ante un público diverso que carece de conocimientos en tu área profesional, practicar frente a personas que no conocen el campo va a serte increíblemente valioso. Este método desarrolla tu confianza cada vez que lo usas. Utiliza el formulario de seguimiento que he creado en www.speakwithimpactbook.com. ⊕

Sexto método: Practicar con los ojos cerrados

Esferas de atención: Nerviosismo, presencia, confianza

Aprendí el valor del ensayo mental hace años con Toastmasters y he descubierto que es uno de los recursos más eficaces que he usado. Siéntate en una posición cómoda y cierra los ojos. Visualiza el escenario en el que vas a dar tu discurso o presentación: la sala de conferencias o reuniones. Imagina que te sientes con entusiasmo para hablar. Oye el cálido aplauso que recibes mientras subes a la plataforma o al escenario (sí, ya lo sé, probablemente no habrá aplausos en una sala de conferencias). Haz una pausa y respira, sonríe y mira a tus oyentes. Después pronuncia tu discurso, palabra por palabra, en tu mente. Imagina que todo va increíblemente bien. Siente el caluroso aplauso que recibes al terminar el discurso y la mezcla de alivio y orgullo que notas cuando regresas a tu asiento. Imagina a alguien diciéndote que tu mensaje ha tenido un gran impacto personal para él o ella. Las visualizaciones son muy efectivas; los atletas lesionados se sirven de ellas para seguir entrenando cuando todavía no pueden hacerlo en el campo de forma física. Personalmente, yo uso este método tumbada en la cama la noche anterior al discurso. Pero, por desgracia, ¡a veces acabo durmiéndome!

Séptimo método: Practicar con un vídeo

Esferas de atención: ¡Todas!

Uno de los métodos de práctica más eficaces (aunque temidos) es el uso de vídeo. Puedes grabar un vídeo con toda clase de dispositivos, como un teléfono, tableta o cámara. Cuanto más sencillo sea el recurso, más probable es que lo uses. Verte en una pantalla te permite evaluar tu aspecto, lenguaje corporal, nivel de energía, mensaje, ritmo... ¡todo! Lamentablemente, cuando nos vemos en vídeo solemos concentrarnos en pequeñas cosas que solo nosotros notamos: esos kilos de más o este pelo que empieza a clarear. Reconoce estas cosas, déjalas a un lado y céntrate en lo que verán los oyentes. Suprime el sonido y limítate a ver el vídeo. ¿Podrías adivinar el tema a partir del lenguaje corporal? ¿Armonizan los gestos de tus manos con tu mensaje? Usa este recurso para valorar cuál es la impresión que das en el escenario y anota algunos aspectos para trabajar basándote en este vídeo. Aunque muchas personas evitan grabarse en vídeo, yo suelo decir que es siempre más fácil ver un vídeo privado antes de subir al escenario que la grabación del evento cuando se cuelga más tarde en línea, ¡a fin de que lo vea todo el mundo!

Encontrar tiempo para practicar

Una queja muy común entre nuestros clientes es que no tienen tiempo para practicar. ¿No dispones de treinta minutos? Pregúntate cuál puede ser el resultado de tu discurso o presentación. ¿Va a cambiar las ideas, actitudes o actos de tus oyentes? ¿No merece la pena aplazar otra reunión para este propósito? Especialmente a medida que tus discursos vayan teniendo más relevancia, deberás proteger el tiempo que necesitas para conseguir un resultado positivo. Todos disponemos de minutos aprovechables si apagamos los dispositivos digitales y los buscamos:

- **Durante un vuelo.** Es el lugar perfecto para escribir, pulir o practicar tu discurso. Puedes incluso leerlo en voz alta, moderando el tono. Las distracciones son mínimas.

- **En el auto, durante los desplazamientos al trabajo y a casa.** *Nota: no apartes los ojos de la carretera ni las manos del volante.* Repasa mentalmente las tres preguntas y pronuncia verbalmente el mensaje principal de tu discurso. Comprueba si recuerdas la primera y la última frase de tu discurso. Prueba distintas expresiones para ver con cuál te sientes más cómodo.

- **_Mientras esperas._** Si estás en la sala de espera de un consultorio médico o esperando otra reunión o cita, ese es un momento perfecto para leer el contenido de tu discurso.

- **_En un taxi, en camino a un evento._** Puedes incluso practicar el discurso con el taxista, ya que no puede huir.

- **_Lo primero que haces por la mañana._** Disfruta de tu taza de café o té y deja que tu mente se dirija a tu próxima presentación. Ensaya mentalmente el discurso con una bebida caliente y reconfortante en la mano antes de que se ponga en marcha el resto de la familia. Esto podrías hacerlo también inmediatamente antes de ir a la cama.

¿Qué debes hacer después de practicar?

Los distintos métodos de práctica que uso me permiten prescindir de un guion completo. Puedo reducir el discurso a una lista de puntos y llevar solo esta lista cuando tengo que hablar. La imprimo en letra grande, a menudo EN MAYÚSCULAS, con mucho espacio en blanco, por una sola cara y los números de página en la parte superior. Este es mi salvavidas durante el evento, un silencioso y reconfortante recordatorio de que, si me pierdo, tengo la ayuda frente a mí.

Mis métodos de práctica me ayudan a:

- Hablar de forma más uniforme y sin tropiezos.

- Usar menos muletillas, porque sé exactamente lo que voy a decir.

- Tener más confianza en mi conocimiento del tema y sentirme más decidida.

- Mostrar un lenguaje corporal confiado, atractivo y que refuerce el significado de mis palabras.

- Conseguir que mis charlas y presentaciones tengan un impacto.

En su libro *On Speaking Well*, Peggy Noonan dice que «[El presidente] Reagan era el orador más natural en política, pero era natural porque practicaba muchísimo»[2].

Cuanto más practiques, más natural serás.

Escoge dos o tres de los métodos anteriores para practicar tu próximo discurso. Reduce el guion a una lista de puntos que puedas consultar fácilmente cuando estés frente a tus oyentes.

CAPÍTULO 6

Muestra lo que quieres decir

Los tres movimientos que hacen que tu discurso cobre vida

PIENSA EN IMPARTIR EL DISCURSO

Has invertido tiempo escribiendo el discurso y ahora tienes un convincente mensaje escrito en el registro y lenguaje de tus oyentes. También has encontrado una conmovedora historia personal para reforzar el mensaje, junto con algunos toques de humor para relajar a tus oyentes. Tu discurso tiene, asimismo, distintos indicadores que guiarán al público por todo el camino.

Aun aquellos que llegan hasta este punto suelen detenerse aquí. Repasan mentalmente el discurso y piensan que la comunicación no verbal se producirá de forma natural, que no es algo importante o que es una parte de magia y otra de inspiración. Pero no es ninguna de estas cosas.

La forma de impartir el discurso es tan estratégica como el propio mensaje: si descuidas este aspecto te haces un flaco favor.

Cuando hablas, todo tu ser está comunicando. Por supuesto que tus palabras comunican, pero también tu rostro, manos y forma de vestir. Por otra parte, el *sonido* de tu voz comunica más allá de las palabras. Cuando hablas en público, cada recurso de comunicación que posees debería decir lo mismo.

Vamos a hablar de cada uno de estos recursos y de cómo conseguir que todos estén en armonía. Sin embargo, primero déjame advertirte algo. He enseñado oratoria en cinco continentes y he descubierto que la forma de pronunciar discursos difiere en cada cultura, aun dentro de la misma organización. Por ejemplo, generalmente animo a los oradores a establecer contacto visual con sus oyentes. Pero, en ciertas culturas, es impropio que las mujeres y los hombres mantengan un prolongado contacto visual o que una persona joven mire directamente a las personas mayores. Es probable que tengas que seguir estas pautas culturales para conectar con tus oyentes al hablar dentro de ciertas culturas. Si estás hablando fuera de estos límites culturales, será entonces importante saber adaptar tu presentación del discurso de forma consecuente.

En este libro vamos a ver la forma mejor y más eficaz, según mi experiencia, de dirigirnos a públicos multiculturales, pero recuerda que la primera pregunta que debes hacerte cuando te preparas para hablar es: «¿*Quiénes son tus oyentes?*». Esto incluye la pregunta «¿*Qué clase de tradiciones culturales tengo que respetar?*».

Cuando hablo en público, me centro en tres movimientos principales a los que llamo, simplemente, los tres movimientos:

1. Contacto visual
2. Lenguaje corporal
3. Voz

1. CONTACTO VISUAL

Los empleados de una organización con la que trabajamos impartían frecuentes presentaciones a los clientes y, en nuestros talleres, realizábamos simulaciones de estas presentaciones. Recuerdo a una persona que hablaba con los ojos fijos en la mesa de enfrente en lugar de mirar a sus clientes. Aunque estaba presentando valiosas investigaciones de mercado, su falta de contacto visual menoscababa la credibilidad de tales estudios.

Los grandes discursos o presentaciones deberían sonar como una conversación entre el orador y cada miembro de la audiencia. Después del discurso, cada oyente debería pensar: «¡Vaya! ¡Me he sentido como si hablara directamente conmigo!».

Imagínate que conoces a alguien en un encuentro social. Tú sonríes y le estrechas la mano, pero la otra persona no te mira a los ojos: está mirando al suelo, por encima de tu cabeza o a otra persona de la sala. ¿Cómo te hace sentir? Todos hemos experimentado esta clase de situación, y a veces hasta hemos sido esta persona que mira hacia otra parte, ya sea porque estamos nerviosos o por una falta de confianza o de respeto hacia los demás.

Cuando no tienes contacto visual con tus oyentes pareces una persona nerviosa, insegura de ti misma, poco preparada o distraída. Naturalmente, hay excepciones. A veces, relatando una historia muy personal, quizá prefieras mirar al suelo en lugar de a tus oyentes. Otras veces puedes mirar a un lado en ademán reflexivo, mientras piensas en algo que vas a decir. Y otras veces, en ocasiones muy formales, vas a tener que leer el guion.

No obstante, por regla general, si quieres influir en las personas que te escuchan, tendrás que conectar con ellas a nivel personal. Y una de las formas más esenciales para conectar con otros seres humanos es a través del contacto visual[1]. Cuando vas mirando a cada persona durante tu discurso, estás conectando con cada uno de tus oyentes.

En ciertos momentos el contacto visual es crucial.

Cuando dices tu nombre. Es una declaración de confianza en ti mismo, que equivale a decir que crees en ti mismo y en tu derecho a estar delante del público en ese momento.

Cuando le das las gracias a alguien. Una vez observé a una veterana dirigente que daba las gracias a su equipo por su maravilloso trabajo mientras miraba sus notas, y pensé que aquellos elogios sonaban poco sinceros y vacíos. Cuando des las gracias a alguien, míralo.

Cuando haces una pregunta. Si quieres que tus oyentes respondan a una pregunta, establece contacto visual para mostrarles que te diriges a ellos.

Al pronunciar uno de tus puntos principales. Los puntos principales son el eje esencial de tu discurso. Subráyalos con una pausa, estableciendo contacto visual, pronunciándolos de forma lenta y clara, y haciendo una pausa de nuevo. Con esta forma de comunicar tu mensaje llegarás a tus oyentes.

Cuando haces una petición. Si tu discurso contiene una llamada a la acción, establece contacto visual con tus oyentes; refuerza la conexión personal con ellos cuando les pidas que hagan algo.

¿Adónde suelen mirar los oradores cuando no miran a sus oyentes?

Suelen mirar a sus notas, al suelo o, si están sentados a una mesa de conferencias, al centro de la mesa. Tienden también a mirar por encima de sus oyentes o a un lado, y suelen hacerlo cuando están pensando. Aunque no está mal hacerlo de vez en cuando, recuerda que cuando dejas de mirar a tus oyentes, estás creando una barrera. El contacto visual reduce esta barrera. Puedes desviar la mirada para pensar y retomar el hilo de tu discurso, pero vuelve a mirar a tus oyentes cuando hables.

¿Cómo puedes establecer un contacto visual significativo con tus oyentes?

Trudi Bresner, colega mía y experta en comunicación pública, recomienda contactar visualmente con una persona mientras expresas completamente una idea. Después, escoge a otra persona para hacer contacto visual y completar otra idea, y así hasta el final del discurso. ¿Hemos de contactar visualmente con todas las personas? Depende del tamaño del público. Entérate de quiénes son los principales ejecutivos y míralos cuando expreses un punto clave; pero no te dirijas *solo* a ellos. Todos sabemos que mirar fijamente a una persona demasiado tiempo hará que se sienta incómoda. De hecho, durante nuestros talleres, suelo hacerlo adrede, precisamente para subrayar este hecho. Cuando la persona en cuestión comienza a moverse incómodamente en la silla, explico que un contacto visual excesivo puede distanciar a los oyentes.

Usar este método de contacto visual nos fuerza a hablar lentamente y a conectar genuinamente con cada persona. También nos ayuda a calmarnos y a estar plenamente presentes. Si recorres con la mirada a todo tu público, absorberás demasiada información y puedes sentirte abrumado con la idea de que todos te miran.

De hecho, uno de los retos del contacto visual es que tú observas tanto a tus oyentes como ellos a ti. Poco a poco comienzas a percibir indicadores. Te das cuenta de que el hombre sentado *justo enfrente* está manteniendo una intensa conversación de texto con el celular. O que la mujer sentada en uno de los extremos tiene la mirada perdida en la distancia. O que alguien en el fondo tiene los brazos cruzados y el ceño fruncido. Tenemos la tendencia a analizar demasiado estas cosas.

Recuerdo mi primer discurso profesional. Me dirigí a un grupo de jóvenes en Worcester, Massachusetts, y hablé sobre el conflicto entre israelíes y palestinos. Esto fue en el año 2002, durante la segunda intifada, y yo intentaba explicar una crisis compleja y cambiante con la que yo misma me estaba familiarizando.

Un hombre sentado en el fondo de la sala se echaba atrás en la silla con los brazos y piernas cruzados y un enorme ceño fruncido. Durante todo mi mensaje, mis pensamientos no pararon. *¿Por qué frunce el ceño? ¿Estoy diciendo algo erróneo? ¿Sé realmente de qué estoy hablando? ¡Soy una impostora!* Al final del discurso, el hombre se me acercó. El corazón comenzó a latirme con fuerza y la boca se me secó. Comencé a prepararme para la letanía de argumentos que aquel hombre iba a usar para destrozarme el discurso. Respiré con nerviosismo, me calmé y sonreí, incómoda. El hombre se inclinó, frunciendo el ceño todavía más. Me dio un enérgico y sentido apretón de manos, y con el mismo ceño fruncido me dijo: «¡Jovencita, ha sido un discurso fantástico!».

Primero me sentí profundamente aliviada y después, confundida. *Me había pasado todo el discurso convencida de que a aquel hombre no le gustaba nada lo que estaba diciendo, ¿y ahora resultaba que le había encantado?* En aquel momento me dije a mí misma que, en el futuro, no me dejaría arrastrar demasiado por la reacción de mis oyentes.

Igual que el orador se comunica con los oyentes por medio de su lenguaje corporal, también los oyentes, deliberadamente o no, se comunican con él del mismo modo. En el caso que nos ocupa, los brazos cruzados de aquel hombre podían significar que hacía frío en la habitación. Su ceño fruncido podría deberse a una trifulca con sus hijos aquella mañana. Alguien que no se despega del móvil podría estar intentando evitar un desastre de último momento con la prensa. Ninguna de estas cosas es culpa tuya: no permitas que te distraiga de tu discurso.

¿Qué sucede si tienes que leer tus notas sí o sí? Quizá el escritor de discursos de la empresa te ha dado sus comentarios en el último momento. O puede que el equipo de asuntos públicos haya redactado unos puntos y tú tengas que ceñirte a ellos durante una crisis. He visto a algunas personas leer notas de forma muy eficaz. Hacen pausas para mirar a los oyentes al final de algunas frases, conectando con una persona cada vez (aprendí esta técnica de Steve Krupin, un escritor de discursos a quien he mencionado en el capítulo 3). Su voz y energía transmiten la misma fuerza y pasión que si estuviera en una conversación. Esto requiere cierta práctica, pero es posible leer eficazmente sin dejar de conectar con tus oyentes. ⊕

Cuando hablas por teléfono puedes pensar que el contacto visual no importa, pero ten cuidado. Cuando hablamos por teléfono, tenemos la tendencia de hacer otras cosas, como leer correos electrónicos o mensajes de texto. Créeme que detectamos cuando nuestro interlocutor telefónico está distraído. Cuando presentes información por teléfono, mira a tus notas o fija la mirada en una parte neutral de la sala para que puedas mantenerte concentrado en el material.

Cuando termines de escribir tu discurso, ponte frente a un espejo. Mira detrás de tu imagen y escoge tres o cuatro elementos, como si fueran personas, que te sirvan de referencia visual. Dirígete sucesivamente a cada uno de estos elementos y pronuncia una frase completa. Reúne después a algunos amigos o colegas, pronuncia el discurso y concéntrate únicamente en el contacto visual. Imparte una idea completa a una persona y pasa después a otra. Comenzarás a desarrollar un ritmo natural.

2. LENGUAJE CORPORAL

¿Cómo entras en una habitación? ¿Cómo te diriges al estrado para iniciar tu discurso o regresas a tu silla al terminar? ¿Echas los hombros hacia atrás y te mantienes erguido, o lo haces arrastrando los pies y con los brazos cruzados? ¿Mantienes ambos pies en el suelo, o cruzas una pierna sobre otra? Estos movimientos son las primeras cosas que las personas observan sobre ti.

Hablemos de tu sonrisa.

La sonrisa es una de tus herramientas más potentes. Puedes usarla para reducir el estrés, calmar la ira y hacer sentir cómodos a tus oyentes, o para mostrar confianza, entusiasmo y felicidad. El acto de sonreír hace que tu cerebro libere hormonas como la dopamina y la serotonina, que hacen que te sientas más feliz y menos estresado[2]. No estoy hablando de forzar la sonrisa sino de permitirnos sonreír.

Por desgracia, a veces nos olvidamos de sonreír. Nos ponemos frente al público con ojos inexpresivos y caras largas y decimos:

«Estoy muy contento de estar aquí». Lo que sucede normalmente es que los nervios nos bloquean, pero en algunos casos quizá pensemos que en un entorno empresarial sonreír no es adecuado. Por otra parte, algunas personas sonríen de forma inapropiada. No se puede proponer un doloroso recorte presupuestario con una gran sonrisa en el rostro. Tus expresiones faciales deberían coincidir con tus palabras.

Cuando era adolescente odiaba mi sonrisa. En las fotografías de aquella época siempre aparezco sonriendo de forma afectada y falsa, como si me costara un enorme esfuerzo. Los brackets tampoco ayudaban mucho. Pero estaba comenzando a actuar como actriz y la gente me tenía que sacar fotos. Así que un día me puse delante de un espejo y comencé a practicar mi sonrisa. En aquel entonces no podíamos recurrir a los teléfonos inteligentes (ni a los celulares), pero hoy es mucho más fácil tomar fotos y determinar qué clase de sonrisa funciona mejor.

La sonrisa es un lenguaje universal. Hace años dirigí algunos talleres en los Territorios Palestinos para el Departamento de Estado de EE. UU. Un día di una presentación a un gran grupo de estudiantes de la Universidad Al-Najah en Nablus. La sala estaba abarrotada de estudiantes. Yo hablaba en inglés y mis palabras se traducían simultáneamente al árabe. Para preparar aquella charla había pasado mucho tiempo dividiendo mis sugerencias entre lo que era universal y lo que era específico en cuanto a hablar en público, y decidí preguntarles a los estudiantes qué pensaban. Durante los talleres, les pregunté:

—¿Qué creen que es importante para hablar en público?

Una chica del fondo levantó la mano para que le pasáramos el micrófono. Llevaba un nicab blanco que le cubría el rostro y el cuerpo; solo se le veían los ojos. Tomó el micrófono y se levantó. Me miró y dijo de manera serena y confiada en inglés:

—¡Cuando hablamos en público es muy importante sonreír!

Hice una pausa un poco confundida por el hecho de que, aunque no pudiéramos verle el rostro, ella quería que sonriéramos.

—Sí —dije por último—, aunque no podamos verte el rostro, podemos escuchar tu sonrisa.

—¡Sí! ¡Estoy sonriendo! ¡Estoy sonriendo! —respondió la chica con entusiasmo.

Todos apreciamos el poder de una sonrisa.

Cuando hablamos por teléfono, es *crucial* sonreír. Da calidez a nuestra voz y nos hace sonar más confiados. Si pasas mucho tiempo al teléfono con clientes, colegas o voluntarios, sonríe mientras hablas. ¿No me crees? Pídele a alguien que diga dos veces la misma frase (una vez sin sonreír y otra sonriendo) mientras tú escuchas con los ojos cerrados. Verás como notas la diferencia.

Aparte de sonreír puedes hacer otras cosas con el rostro. Puedes fruncir el ceño y después relajarlo; puedes mostrarte cínico o sarcástico. Las palabras y el tono del discurso dictarán tus expresiones faciales. Tu rostro es expresivo por naturaleza. Permítete usar estas facultades cuando estés frente a tu público.

¿Qué hacemos con las manos?

Una de las preguntas más frecuentes que me hacen sobre la ejecución del discurso es qué hacer con las manos. ¿Las dejamos inmóviles a los lados? ¿En qué punto el movimiento resulta excesivo? No hay movimientos mágicos que debamos hacer con las manos. Todo depende del mensaje y contexto de tu discurso. Los gestos de tus manos deberían reforzar tus palabras.

Revisa a fondo tu discurso e identifica los puntos más importantes. ¿Estás hablando de tamaño, distancia o tiempo? Haz que tus manos expresen estos conceptos. ¿Hay palabras específicas y cruciales para tu argumento? Haz que tus manos las refuercen con un gesto amplio.

Hay dos clases de lenguaje corporal: nervioso e intencionado. El lenguaje corporal nervioso comprende todos los tics involuntarios: retorcernos las manos mientras hablamos, jugar con los anillos, quitarnos y ponernos las gafas sin necesidad o ir de un lado a otro de la sala. Todos estos movimientos les dicen literalmente a nuestros oyentes que estamos nerviosos y transmiten nuestra incomodidad.

El lenguaje corporal intencionado es distinto; este subraya tus ideas y resalta tu mensaje. El lenguaje corporal debería *complementar* tus palabras en lugar de ser una distracción. Cuando muevas las manos, no extiendas los dedos: mantenlos unidos. No uses siempre los mismos recursos gestuales. Asegúrate de que cada gesto se corresponde con tus palabras. Cada vez que uses las manos, hazlo con intención y propósito.

Me gusta tener una posición «base», una forma de tener las manos la mayor parte del tiempo para no tener que pensar al respecto. Mantengo los brazos inclinados cómodamente en un ángulo de 90 grados, con las manos relajadas. De este modo puedo gesticular con las manos cuando lo necesito y, después, volver a la posición base. No tengo que pensar; se ha convertido en algo automático. Otra postura que suelo usar es simplemente dejar las manos a los lados; puedes ver un vídeo que hice sobre este tema en ww.speakwithimpactbook. com. ⊕

Hace algunos años estuve enseñando en un programa de desarrollo del liderazgo con un equipo de instructores. Uno de los instructores participó en mi taller sobre hablar en público. Unos días después se me acercó y me dijo: «¿Te acuerdas de cuando hablaste de practicar el lenguaje corporal frente a un espejo? Pues bien, vi una fotografía de nosotros frente al público el primer día de este programa. Tú tenías los brazos relajados a ambos lados, y los míos estaban rígidos y en un gesto que parecía que tuviera que ir al excusado urgentemente. ¡Tú parecías muy cómoda y yo fuera de lugar! Así que he estado practicando distintos gestos con las manos, intentando encontrar la posición "base" de la que hablas. Al principio pensaba: "Esto es muy raro; nunca voy a dar la impresión de naturalidad". Pero después me puse delante del espejo, lo probé, ¡y parecía muy natural! Ahora tengo una forma más cómoda de poner las manos».

Practica y se convertirá en algo natural.

Por último, hablemos de los pies.

Revisa tu discurso para ver dónde vas a hablar de distancia o tiempo. Desplázate por la sala cuando vayas desde un punto de tiempo al siguiente. Como regla general, me gusta moverme durante las transiciones y detenerme cuando quiero expresar uno de los puntos. ¿Es cronológico el bosquejo de tu discurso? Comienza en uno de los extremos de la sala y dirígete hacia el otro a medida que avance tu argumento. Si quieres hacer referencia a algo de un periodo anterior, vuelve atrás a este lugar del escenario.

Andar por la sala es una forma estupenda de mantener la atención de los oyentes. Si ves a personas usando el teléfono o conversando entre sí, puedes acercarte despreocupadamente a ellas mientras hablan; tu presencia les hará prestar atención. ¡A nadie le gusta que el maestro lo pille hablando en clase!

¿Cuánto espacio deberías recorrer? Depende del tamaño de la sala o del escenario. Cuanto más grande sea el escenario, más amplios pueden ser tus movimientos. En una sala de conferencias pequeña tendrás una zona mucho más reducida. No es aconsejable que te balancees ni que te desplaces hacia adelante y hacia atrás, pues esos son movimientos corporales nerviosos que distraen a los oyentes y manifiestan tu agitación. Mantente firme, bien plantado sobre los pies, con los hombros hacia atrás.

¿Cómo hacer una presentación sentado? Puedes estar sentado a una mesa de conferencias de un cliente o en una videoconferencia con personas del otro extremo del mundo. En estos casos, tu lenguaje corporal es igual de importante. Tus gestos con las manos pueden reforzar tu mensaje y, en vídeo, tu sonrisa es más importante que nunca porque la cámara subraya tu expresión facial. Mantén una media sonrisa, que te hace parecer interesado y atento. En el capítulo 9 hablaremos concretamente de las presentaciones virtuales.

Cuando estés sentado, mantén la espalda erguida, sin dejarte caer en la silla. Inclínate ligeramente hacia adelante para acortar la distancia entre tú y tus oyentes. Haz contacto visual con todos los que están alrededor de la mesa y procura no darle la espalda a nadie. Mantén los pies planos en el suelo para poder afirmarte.

Puede que, en este punto, te preocupes pensando que tienes que «representar» el discurso. Recuerda que no tiene que ser perfecto. Mi meta es ayudarte a conseguir gestos naturales que complementen tu mensaje y librarte de los movimientos nerviosos que inhiben la expresión de tu autoridad y credibilidad.

Graba un vídeo de tu discurso; míralo sin volumen. ¿Puedes captar la emoción de tu mensaje en tus expresiones faciales y movimientos? Ahora intenta impartir y expresar el discurso como si estuvieras frente a un grupo de niños. No te preocupes, no quiero que lo hagas así frente a tus oyentes; sin embargo, este ejercicio te calentará el cuerpo y te recordará lo que eres capaz de hacer. Después podrás practicar un lenguaje corporal más natural delante de un espejo. ¿Recuerdas que te pedí que practicaras tu sonrisa frente a un espejo? Ahora es el momento de hacer lo mismo con tus gestos con las manos. Prueba distintos movimientos y hazlos con firmeza y decisión.

3. VOZ

Como excantante de ópera, la voz es mi tema preferido en el asunto de hablar en público. Durante mi formación musical, pasé muchos años aprendiendo sobre el poder de la voz humana para conectar con una audiencia y conmoverla. Es una de las áreas *más* importantes y *menos* entendidas por los oradores, y puede ser el elemento decisivo para que un discurso sea impactante o débil.

Tómate un minuto y piensa en alguien con una voz verdaderamente potente. ¿Cuál es la clave de una voz potente? Puede que sea el tono lo que hace que una voz sea profunda y resuene por toda la sala.

Es fácil detectar si alguien tiene una voz potente, pero mucho más difícil cambiar el sonido de la propia. Podemos escuchar comentarios de colegas o jefes en el sentido de que nuestra voz es demasiado alta o demasiado baja, sin que nadie nos diga lo que podemos hacer para cambiarla. De hecho, a la mayoría de las personas con las que trabajo *no les gusta nada* el sonido de su voz. Cuando se oyen en un vídeo durante nuestros talleres, sienten vergüenza. Nuestra voz no nos suena igual a nosotros que a los demás. Cuando hablas, percibes tu voz de dos formas concurrentes: la oyes a través de los oídos y también resonando dentro de tu cabeza. Cuando la escuchas reproducida en un audio, la oyes solo a través de los oídos. Tu voz siempre sonará distinta en una grabación que cuando hablas directamente.

Sin embargo, puedes hacer muchas cosas para mejorar el sonido de tu voz. En primer lugar, permíteme explicarte por qué es importante.

¿Cuántas veces has dudado de la sinceridad de alguien por su tono de voz? Lee seis veces, en voz alta, la frase siguiente, enfatizando cada vez una palabra distinta: «No sabía que él estaría allí». Con cada palabra que enfatizas, el significado de la frase cambia totalmente. Esto muestra lo importantes que son la voz y el énfasis en un discurso. Repite la expresión «¿En serio?» una y otra vez, cada vez con una emoción distinta: entusiasmo, curiosidad, escepticismo y molestia. Tendrá un significado distinto cada vez.

La mayoría de nosotros no solemos usar la voz de forma consciente. O peor aún: el nerviosismo nos juega una mala pasada y reduce nuestra voz a un tono árido y monótono. Pero no es así como hablamos habitualmente. Cuando tenemos una conversación normal, nuestra voz se eleva y cae de forma natural, dependiendo del acento. Enfatizamos ciertas palabras para aclarar una cosa. Nuestras emociones tiñen el tono de nuestra voz y los demás pueden adivinar si estamos contentos, tristes, nerviosos o confiados[3]. Es más, un estudio de Michael Kraus, de la *Yale's School of Management*, descubrió que las personas distinguían más exactamente las emociones de las voces cuando las escuchaban en el audio de una conversación que cuando veían y oían dicha conversación en vídeo[4].

Tu voz es increíblemente expresiva cuando te desahogas contándole a tu cónyuge algo que ha sucedido en el trabajo o describes a tus amigos cómo te fueron las vacaciones. Y, sin embargo, cuando te levantas para dar una presentación, todo este color y riqueza se desvanecen y tu voz suena como la de un robot. ¿Por qué? He observado algunos factores que reducen la plenitud de la voz:

Los nervios. Cuando nos ponemos nerviosos, respiramos de forma superficial y la garganta se contrae, despojando a la voz de toda su energía. Cuando era cantante siempre notaba que me temblaba la voz cuando estaba nerviosa. En el próximo capítulo te enseñaré a calmar los nervios para que tu voz pueda sonar alta y clara.

Puede que pienses que es así como tienes que hablar. Muchos tienen la idea de que no es profesional mostrar emoción en un discurso o charla. No cabe duda de que la medida adecuada de emoción depende del contexto y del público, pero no hay nada poco profesional en hacer que las palabras cobren vida por medio de la voz.

Puedes pensar que así es que suena tu voz. Sin embargo, no tiene por qué ser así. Adquirimos muchos hábitos por la influencia de otras personas, desde acentos regionales a palabras de relleno o muletillas. Podemos cambiar estas cosas si queremos. Te mostraré cómo hacerlo.

Hay otros factores en juego, como el micrófono o la acústica de la sala. Mediante las técnicas que te enseñaré, podrás superar estos factores y realzar el sonido de tu voz. Y, por si fuera poco, hay fascinantes investigaciones que relacionan el tono de la voz con el éxito de tu negocio. Un estudio de la Universidad Duke sobre altos ejecutivos (hombres) mostró que aquellos que tenían una voz más profunda ganaban más dinero, en general, que los que tenían voces más agudas[5]. En otro estudio que manipulaba el tono de voz de dirigentes, tanto masculinos como femeninos, los participantes (hombres y mujeres por igual) preferían a los líderes con voces más profundas[6].

Ya sé lo que estás pensando. *¿Tengo, entonces, que bajar conscientemente el tono de mi voz para tener más éxito?* No, no se trata de forzar la voz a un registro más bajo. Se trata de aprender a controlar el poder de tu voz para hacerla rica y resonante, lo cual hará, a su vez, que el tono sea un poco más bajo.

También quiero decir algo sobre género y voz. Cuando Margaret Thatcher se convirtió en primera ministra del Reino Unido, se puso conscientemente a trabajar con el tono de su voz[7]. El efecto fue que su voz suave y melodiosa se hizo un poco más baja y profunda. Puedes escuchar los audios que lo demuestran en www.speakwithimpactbook. com. ⊕ Cuando mostré a mi clase de estudiantes de licenciatura de la *Harvard Kennedy School* los vídeos de Margaret Thatcher, las reacciones fueron encontradas. Un hombre comentó que le gustaba más la voz original de Thatcher porque «sonaba más suave y femenina». Una mujer repuso inmediatamente que ella quería que su primera ministra sonara como en el segundo vídeo. Las expectativas culturales pueden dar forma a nuestras percepciones de tono y poder.

¿Cómo, pues, controlamos el poder de nuestra voz cuando hablamos? En el próximo capítulo veremos este proceso en profundidad: la técnica de respiración que uses va a ser clave para proyectar la voz.

Por otra parte, el tono de tu voz refleja cómo te sientes sobre el tema en cuestión y sobre ti mismo. ¿Es importante para ti el tema? ¿Estás orgulloso del trabajo que haces? ¿Te sientes confiado en tu competencia para hablar sobre este asunto? Tus respuestas con «sí» o «no» a estas preguntas tendrán un efecto sobre el modo en el que suena tu voz.

Cuando mi equipo y yo trabajamos con nuestros alumnos el asunto de la voz, comenzamos con técnicas de respiración y desarrollo de la confianza. Nos concentramos en la tercera de las tres preguntas («¿Por qué tú?») porque la respuesta a esta pregunta desarrollará tu confianza en ti mismo y en el tema del que hablas. En la última sección del capítulo 7 presentamos otros recursos para desarrollar tu confianza, como la Declaración de valores esenciales. Trabajar la confianza interior afecta a tu voz externa.

Tu voz debería armonizar con tus palabras. ¿Estás presentando una serie de números para ilustrar un imponente reto que tiene la empresa? Hazlo con una voz sosegada que enfatice la verdadera proporción del problema. ¿Estás hablando de una injusticia que se está dando en tu país? Hazlo con una voz que muestre tu sensación de ultraje. ¿Estás contando una historia personal para expresar tu conexión con el público? Hazlo con una voz que transmita tu vulnerabilidad. Tu voz es increíblemente expresiva; úsala para aportarle sentido a tus palabras. De otro modo, rebajarás tu mensaje y su impacto.

Esto es algo que ya sabes hacer de forma natural, pero que quizás hayas aprendido a reprimir en la vida profesional por las razones que antes he mencionado. A continuación presento algunos ejercicios que ayudarán a devolverle la expresividad a tu voz cuando hables en público:

Voz de radio. Imagina que vas a dar tu discurso en la radio; nadie va a ver tus expresiones faciales. Tienes que llegar a tus oyentes solo mediante el sonido de tu voz. Lee el discurso en voz alta y grábalo con el *software* de tu teléfono. Escúchalo y verás que hablas de forma más lenta y deliberada.

Hablar a niños. Cuando hablas con niños pequeños, tu voz es naturalmente más expresiva que cuando te diriges a personas adultas. Con los niños no tienes que actuar como un profesional; puedes adoptar un tono pueril y emotivo. Lee tu discurso en voz alta como si estuvieras leyendo una historia a un grupo de niños, pero utilizando el lenguaje exacto del discurso. Observarás que tu voz se hace mucho más lenta y expresiva.

Practicar distintas emociones. Haz una lista de distintos sentimientos: indignación, alegría, aburrimiento, entusiasmo. Lee en voz alta diferentes secciones del discurso y prueba con distintas emociones. Grábalo con el teléfono y escúchalo. ¿Cuál es la voz que mejor armoniza con la emoción de tu discurso? Mantén esta emoción en mente mientras impartes el discurso.

Enfatizar todas las palabras. Especialmente si tienes la tendencia de hablar rápido o entre dientes, concéntrate en pronunciar cada palabra. Habla de forma lenta y clara, y márcate un nuevo ritmo que te sea natural. Una mujer con la que trabajé tenía que tratar con sus clientes en inglés, pero esta no era su lengua materna. Después de trabajar la velocidad y la vocalización, consiguió crear un nuevo ritmo al hablar. En la siguiente reunión con un cliente, consiguió cerrar el trato. Más tarde me dijo que, en su opinión, el ritmo más lento le ayudaba a escuchar mejor a su cliente y responder sus preguntas, lo cual llevó a una mayor comprensión y confianza.

Cada uno responde a estos ejercicios de formas diferentes. Escoge, pues, la que mejor te funcione a ti. Y no te preocupes: no quiero que te pongas delante de tus oyentes y tus palabras suenen como si estuvieras leyendo un cuento a un grupo de niños. Lo que hacen estos ejercicios es desbloquear todo el potencial de tu voz y recordarte lo que eres capaz de hacer.

SUPERA LAS TRAMPAS FRECUENTES: MULETILLAS, MINIMIZADORES, *ENTONACIÓN ASCENDENTE* Y *VOCAL FRY*

Muletillas

Las palabras de relleno, comúnmente llamadas muletillas, son un frecuente motivo de queja hacia aquellos que hablamos en público. Algunos las menosprecian como una expresión de debilidad e indecisión y otros las defienden como un signo de naturalidad y autenticidad. En esto, yo sigo la filosofía de Robert L. Finder, Jr., autor de *The Financial Professional's Guide to Communication*, que compara las muletillas con las hormigas en un picnic. Finder dice que «una sola hormiga no destruirá el picnic, pero ¿quién ha visto una sola hormiga en un pícnic?»[8].

Usadas con moderación, no hay nada malo en las muletillas. El problema está cuando se usan en exceso y le restan valor a tu confianza y credibilidad. Si estás presentando un argumento sólido, pero no paras de decir *ah, ah,* dará la impresión de que estás improvisando tu mensaje sobre la marcha. Si cada discurso o presentación es una oportunidad de ejercer el liderazgo, no vas a ser muy inspirador si te excedes con las muletillas o palabras de relleno.

¿Cuáles son las muletillas más comunes? Todos hemos oído *o sea, es decir* y *pues*. Algunas otras que oigo son: *así que* (para iniciar frases), «¿cierto?» (para terminarlas) o *por decirlo de alguna manera* (en la mitad). Las personas de una misma organización tienden a utilizar las mismas muletillas. En una empresa, todos usaban las expresiones «*básicamente*» o «*a fin de cuentas*». El profesor Tim Murphey de *Kanda University of International Studies* dice que adquirir el lenguaje de quienes nos rodean (que él denomina «contagio lingüístico») es una forma normal de aprender y desarrollar un idioma[9]. Podemos adquirir hábitos verbales positivos observando y hablando con los demás. La otra cara es que también podemos adquirir hábitos negativos, como las muletillas, que reducirán nuestro impacto y credibilidad.

Cada idioma tiene sus muletillas características, frases que decimos o sonidos que alargamos para ganar tiempo mientras pensamos lo siguiente que vamos a decir como *euh* en francés, «*eh*» en español, *cioè* en italiano, *ke'ilu* en hebreo y *ya'ani* en árabe.

Minimizadores

Además de las muletillas están los llamados minimizadores, que desempeñan un papel similar. Ciertas expresiones y palabras minimizan el impacto de tu discurso restando importancia a lo que estás diciendo: *Quizá esto sea irrelevante, pero...*, *Puede que esté completamente equivocado en esto, pero...* o expresiones como *Lo siento* o *solo: Yo solo creo que quizá sea bueno considerar de nuevo este asunto..., Lo siento, pero solo quería decir que...* El uso de *solo* me parece especialmente nocivo por cuanto trivializa lo próximo que decimos.

Se está hablando mucho de que las mujeres hacen un uso excesivo de estos minimizadores: hay artículos que piden a las mujeres que dejen de utilizarlos y otros que piden a la sociedad que deje de decirles a las mujeres lo que tienen que hacer. ⊕ Para las mujeres que trabajan en ambientes principalmente masculinos, los minimizadores son especialmente peligrosos porque muchas de ellas ya se sienten como en una lucha para que se las tome en serio y, al usar minimizadores, devalúan el poder de sus ideas. Según mi experiencia, la causa de los minimizadores, tanto en los hombres como en las mujeres, es o un contagio lingüístico (todo el mundo los usa) o una falta de confianza. Ninguna persona, hombre o mujer, debería devaluar el poder de sus ideas.

Algunas veces, sin embargo, los minimizadores son intencionados. En un taller, algunos participantes me mostraron su desacuerdo cuando intenté minimizar sus minimizadores. Me dijeron: «La política de nuestra organización nos obliga a usar estas palabras cuando hacemos comentarios sobre los dirigentes». En este caso, el uso de minimizadores se convierte en algo estratégico. Tú decides si debes usarlos y cuándo, pero hazlo a propósito.

¿Cómo puedes reducir la frecuencia de las muletillas y los minimizadores?

Aquí tienes algunas técnicas que uso para esto.

Haz una pausa y respira. Entre frases, cierra físicamente la boca y luego inspira y espira por la nariz. ¡No puedes soltar una muletilla con la boca cerrada!

Golpea la mesa con los nudillos. A veces, en nuestras sesiones de formación, doy un golpecito sobre la mesa cada vez que oigo una muletilla. Cierto, es increíblemente molesto durante unos diez minutos, pero después las muletillas desaparecen. El orador aprende a hacer una *pausa y respirar,* en lugar de usar una muletilla, y eso le da una imagen más inteligente. Puedes hacer lo mismo con un compañero de prácticas.

Utiliza una aplicación. Habla en voz alta utilizando una aplicación como Ummo para contar tus muletillas. Ummo emitirá un sonido de aviso cada vez que te oiga usar una muletilla, lo cual te informa de inmediato. Cuando oigas la muletilla, *detente y respira,* y repite la frase. Nota: Usa solo esta aplicación para tus prácticas; no la conectes durante un discurso real. ⊕

Un minuto de «hummms». Este es un eficaz y divertido ejercicio de mi colega Trudi Bresner. Grábate durante un minuto hablando sobre un tema (quizá tus próximas vacaciones) usando todas las muletillas que puedas. Adelante, no te cortes. Esto te hará más consciente de cómo suenan y de la impresión que causan. Grábate después, durante otro minuto, hablando del mismo tema, pero **sin utilizar ni una sola muletilla.** Practica con otra persona que te haga empezar de nuevo cuando uses alguna muletilla. Esto te enseñará a detenerte y respirar en lugar de apoyarte en las muletillas, y te hará parecer mucho más decidido e inteligente.

Concéntrate en reducir estas muletillas y minimizadores durante las prácticas, no cuando pronuncies el discurso. Si eliminas estas expresiones durante las prácticas, comenzarán a desaparecer en los discursos. Una vez acompañé a uno de mis clientes durante una revisión interna con la directora de su organización. Mi cliente se dio cuenta de que había usado una muletilla y, de manera instintiva, golpeó la mesa como habíamos hecho durante las sesiones de práctica. Se detuvo y apuntó: «Esto ha sido una broma interna», y de inmediato siguió adelante.

¡Por suerte, yo también había trabajado con la directora, y ella estaba al corriente de nuestra técnica! No pienses en esto cuando tengas que hacer la presentación.

Entonación ascendente

La entonación ascendente, *uptalk* en inglés, se produce cuando tu tono se eleva al final de una oración enunciativa, haciendo que parezca una pregunta en lugar de una afirmación. Se conoce también como inflexión ascendente. Esta forma de modular las frases se produce muchas veces cuando alguien se presenta a un grupo: «¿Me llamo Allison Shapira?». Visita www.speakwithimpactbook. com para escuchar un ejemplo de *uptalk*. ⊕ Imagina que le estás vendiendo una idea a un inversor, confirmado o potencial. Resulta que tú eres un experto en su campo y has hecho una minuciosa investigación del tema. Estás firmemente convencido del valor de tu trabajo. Sin embargo, después dices: «¿Tenemos treinta años de experiencia en este ámbito?» o «¿Creemos que esta es la mejor solución para su problema?». Cuando elevas el tono al final de la frase y conviertes tu afirmación en una pregunta, estás debilitando todo tu mensaje.

En muchos lugares del mundo esta forma de entonación puede formar parte del acento natural. De hecho, cuando mi equipo y yo impartimos nuestra formación en países extranjeros, rara vez hablamos de este tema. Pero en EE. UU., el Reino Unido y otros países de habla inglesa, el *uptalk* puede dar la impresión de una falta de certeza o confianza. Da la impresión que el que habla está cuestionando su propia credibilidad.

Esta entonación se usa también cuando alguien no se siente seguro de su respuesta. En lugar de afirmar un hecho con certeza, permiten que el *uptalk* revele su incertidumbre. Se usa también cuando alguien se siente inseguro de su posición social dentro del grupo. Los profesionales jóvenes lo utilizan más a menudo cuando no están seguros de su derecho a expresar lo que piensan.

Algunas personas usan el *uptalk* al final de la oración a fin de parecer cooperadores, similar a preguntar: «¿Me entiendes?». Lo oigo mucho entre mujeres, especialmente por nuestras aptitudes sociales para «llevarnos bien con los demás». De manera consciente o inconsciente, intentamos conseguir que las personas estén de acuerdo con nosotros. Como sucede con las muletillas, es algo que se nos contagia de otras personas. Una vez preparé a una mujer turca para adaptarse a su trabajo en una empresa estadounidense. Cuando le pregunté por qué usaba constantemente esta forma de entonación, me dijo que así era como hablaban todas las mujeres de su oficina.

Oigo *uptalk* tanto en hombres como en mujeres y creo que, sea cual sea tu género, puede ser peligroso para tu credibilidad (aunque entiendo que puede ser especialmente destructivo si eres una mujer en un grupo mayoritariamente masculino).

Cada vez que hablas tienes la oportunidad de desarrollar una relación de confianza con tus oyentes. Cuando por tu entonación pareces cuestionarte a ti mismo, reduces la confianza de tus oyentes en ti.

¿Cómo puedes reducir el *uptalk*? Grábate en audio y escucha la grabación. ¿Se eleva tu voz al final de las frases, aunque no sean preguntas? Pregúntate si es por un acento regional y piensa en cómo puede sonarle tu entonación a una audiencia de habla inglesa. La *coach* vocal Helen Moses sugiere que practiques el final de las frases como si descendieras por un tramo de escaleras. Grábate y escucha la diferencia.

Cuando practiques un discurso o presentación, esfuérzate conscientemente en reducir el *uptalk* en la introducción, puntos principales y conclusión (es decir, las partes más importantes del discurso) para no introducir ninguna incertidumbre. Es perfectamente lícito que introduzcas dudas en tus discursos cuando analices diferentes aspectos de un asunto complejo. Esto muestra, de hecho, tu capacidad para considerar un asunto de manera integral. Sin embargo, cuando afirmas algo de lo que te sientes seguro, no hagas que parezca una pregunta

Vocal fry

El *vocal fry* se produce cuando se comprimen los cartílagos vocales, haciendo que las cuerdas emitan un sonido muy bajo y áspero. Si no has oído este sonido antes, tómate un minuto para escucharlo en www.speakwithimpactbook.com para que puedas reconocer este concepto. ⊕ Algunas personas hablan constantemente con *vocal fry* mientras que otras lo hacen con moderación; personalmente, puedo hablar de este modo a voluntad para mostrar lo que es.

¿Por qué lo hacemos? A veces respiramos perezosamente, en especial al terminar las frases. Otras veces se produce porque ha habido un pequeño daño físico en nuestras cuerdas vocales. A menudo es algo que se nos contagia de otras personas, especialmente cuando lo vemos en iconos de la cultura pop como Kim Kardashian o estrellas como Katy Perry. Pero no solo afecta a las mujeres: los hombres también lo usan. Y aunque las locutoras de radio y televisión pueden recibir críticas por utilizarlo, también lo hacen sus colegas masculinos[10].

¿Cuál es el efecto del *vocal fry* en nuestros oyentes? Depende de la audiencia que tengamos. Puesto que este sonido de la voz es más común en las personas jóvenes, es probable que una audiencia joven ni siquiera lo note. Pero si tus oyentes son más maduros, tu credibilidad puede verse afectada.

Un estudio del año 2014 llevado a cabo por investigadores de la Universidad Duke y la Universidad de Miami descubrió que el *vocal fry* tenía repercusiones negativas en el mercado laboral que afectaba a muchas más mujeres que hombres. «En relación con mujeres que se expresan con una voz normal, las jóvenes adultas que muestran *vocal fry* se perciben como menos competentes, menos cultivadas, menos dignas de confianza, menos atractivas y menos susceptibles de ser contratadas»[11]. Lo lamentable es que este es otro ejemplo de algo que, aunque está presente tanto en hombres como en mujeres, se percibe como más dañino para las mujeres.

Si tienes algo importante que decir, haz que tu voz transmita esa importancia. Si reduces tu voz a un chirrido y dejas caer el tono al final de las frases, estás ahogando tus palabras.

En el próximo capítulo te mostraré que respirar correctamente reducirá el *vocal fry*.

En este capítulo hemos cubierto un terreno muy importante que te ayudará a controlar el poder de tu voz, pero ninguna exposición sobre la voz está completa sin hablar de la respiración. Sumerjámonos en el próximo capítulo para entender cómo usar la respiración para calmar el nerviosismo y darle potencia a la voz.

CAPÍTULO 7

Haz una pausa y respira

Calma tu nerviosismo
y fortalece tu voz

VENCE LA ANSIEDAD PARA HABLAR EN PÚBLICO

¿Te pones nervioso alguna vez antes de un discurso o presentación? Aunque no tengas miedo de hablar en público, estoy segura de que sigues sintiendo un cierto cosquilleo en el estómago antes de hacerlo. La mayoría de las personas (yo me incluyo) se ponen nerviosas antes de un discurso, presentación o reunión importante. El grado de nerviosismo dependerá de muchos factores, como la frecuencia con la que hables en público, cuánto sepas sobre el tema que vas a tratar y lo importante que sea la ocasión.

En mis viajes siento esta clase de temor una y otra vez. Ya sea que me encuentre en Oriente Medio, Asia, África, Europa o América Latina, las preguntas son las mismas. ¿Cómo puedo calmar mi nerviosismo?

¿Por qué tenemos este temor universal a hablar en público? Algunas teorías dicen que es algo primario. Hace millones de años, agruparnos en comunidades nos protegía de los depredadores y nos permitía crecer y multiplicarnos. Glenn Croston, autor de *The Real Story of Risk*, afirma: «Cuando nos ponemos frente a un grupo, comenzamos a sudar porque tememos el rechazo. Y a nivel primario, el temor es tan grande porque no tememos solo a la vergüenza o al juicio de los demás. Tenemos miedo de ser rechazados del grupo social, condenados al ostracismo y abandonados a nuestros recursos. Al parecer, hoy seguimos teniendo el mismo miedo al ostracismo, un temor mayor que a la muerte porque, no hace tanto tiempo, ser abandonado por el grupo significaba posiblemente una sentencia de muerte»[1].

El psicólogo y conferenciante Guy Winch explica lo siguiente: «Se activan las mismas zonas del cerebro cuando sentimos rechazo como cuando experimentamos dolor físico», y recordamos el dolor social de forma mucho más vívida que el físico[2]. Esta es la razón por la que, veinte años después, seguimos sintiendo una aguda vergüenza cuando recordamos aquello que dijimos o hicimos en público.

Por suerte, podemos hacer muchas cosas para calmar nuestro nerviosismo. Cuando trabajo con clientes, intento identificar la causa exacta de su ansiedad para ver si podemos abordarla directamente. En esta sección voy a usar las palabras «ansiedad», «nerviosismo» y «temor», pero si sufres ansiedad severa o trastornos de ansiedad, es una buena idea que consultes a un profesional de salud mental.

Nuestra percepción de la ansiedad es tanto física como emocional. El corazón se dispara, nos tiemblan las manos y algunos de nosotros nos sonrojamos o desarrollamos ciertas reacciones nerviosas. En el capítulo 8 hablaré de mi protocolo previo al discurso para ayudarte a reducir estos sentimientos físicos de ansiedad. La meditación y la concentración nos ofrecen recursos muy eficaces para centrar la mente, y la respiración profunda hace maravillas para calmar el nerviosismo.

Aquí tienes algunas causas comunes de la ansiedad antes de hablar en público y mis soluciones para gestionarlas. Una vez que identifiquemos el origen de los nervios podremos considerar formas concretas y prácticas de calmar los sentimientos de ansiedad. Aun después de aislar todos los factores que mencionaremos, seguirás estando nervioso: es normal. Tanto el temor como la excitación generan adrenalina, por ello convertir el nerviosismo en excitación te ayudará a usar la misma hormona de forma productiva.

Falta de confianza. Si no crees tener algo valioso que decir, posiblemente evitarás hablar en público. *No creo que nadie tenga interés en escucharme.* Regresa a las tres preguntas del capítulo 2 y recuerda la respuesta que has dado a «*¿Por qué tú?*». Encuentra una auténtica pasión o interés relacionados con el tema que vas a desarrollar y apóyate en ellos para estimular tu confianza. Más adelante, en este capítulo, haz la Declaración de valores esenciales y léela en voz alta antes de cada discurso.

Tiempo de preparación insuficiente. Una de las razones más comunes por las que las personas se sienten incómodas para hablar en público es que no han tenido suficiente tiempo para prepararse o no lo han hecho correctamente. Regresa al capítulo 3 sobre la preparación del discurso y, en concreto, al apartado sobre cómo hacerlo en treinta minutos. No se trata de dedicar un periodo interminable a preparar el discurso, sino de hacerlo siguiendo un proceso suficientemente probado para optimizar el tiempo.

Conocimiento insuficiente del tema. Este es un factor muy importante cuando te diriges a personas que saben más que tú. Te preocupa que tus oyentes puedan criticar duramente tus argumentos o pensar que no sabes de qué estás hablando. Puedes hacer una investigación para aprender más sobre el tema, limitar el alcance de tu discurso o buscar una forma de que tus oyentes puedan aportar sus conocimientos. Por ejemplo, puedes preguntarles: «Puesto que contamos con tantos expertos en la sala, ¿podrían decirnos lo que realmente funciona según su experiencia?».

Experiencias o comentarios negativos. Puede que hayas tenido una experiencia traumática con la comunicación pública durante la secundaria, o quizá un maestro o tus padres te desanimaron hace mucho tiempo. Aquellas experiencias negativas tempranas (¡o recientes!) pueden estar muy presentes en tu vida y distorsionar la forma en la que ves el mundo.

Habla de esas experiencias con algún instructor, amigo o terapeuta. Al verbalizarlas, empezarás a reconocer que ciertamente describen una experiencia pasada, pero no definen tu identidad actual. Pregúntate *«¿Por qué tú?»* y consulta tu Declaración de valores esenciales (más adelante) para encontrar confianza.

Entorno laboral negativo. Si trabajas en una atmósfera tóxica en la que decir lo que piensas significa ser criticado por tu jefe o colegas, puede que tengas miedo de hablar en público. Parecerá que expresarse honestamente es arriesgado. Determina quiénes son tus aliados dentro de tu organización o comunidad. ¿Quién defenderá tu trabajo? Practica tu discurso con esa persona y considera con ella cuál sería la mejor forma de expresarte para que tus colegas puedan identificarse con lo que vas a decir. Esta persona puede después elogiar en público tu discurso o presentación como una forma de mostrarte su apoyo.

No querer ser el centro de atención. Las personas introvertidas suelen decirme que no les da miedo hablar pero que no quieren ser el centro de atención. En este caso, redefine el propósito del discurso. En lugar de verte como el eje del discurso, considéralo una oportunidad para poner de relieve un asunto importante. El centro de atención ya no eres tú, sino tu idea. Cuando el rabino Scott Perlo habló en la *Sixth & I Historic Synagogue* en Washington D. C., expresó bellamente este concepto: «Si eres portador de un mensaje de esperanza y sanidad, tu mayor responsabilidad es quitarte de en medio para que tu mensaje se abra camino a través de ti».

Falta de control. Cuando das un discurso o presentación hay cosas que no puedes controlar: el equipo audiovisual de la sala, la reacción de tus oyentes y (a veces) tu propia imaginación. Hay dos soluciones que puedes aplicar a la vez. En primer lugar, controla todas las variables que puedas. ¿Y si el equipo audiovisual no funciona? Llega temprano al lugar del discurso y asegúrate de que dispones de un técnico para que se ocupe de este aspecto. ¿Y si hay mucho tráfico? Planea alternativas en tu calendario. Encuentra una solución para cada «¿Y si…?» que te preocupe. Reconoce, al mismo tiempo, que *no puedes controlarlo todo.* Aunque compruebes de antemano el equipo audiovisual, puede averiarse. Puesto que las cosas pueden torcerse, piensa serenamente en formas de resolver lo que surja. Si los oyentes te ven tranquilo y dueño de ti mismo, aun cuando haya algún problema, podrás mantener tu credibilidad como orador.

Miedo a quedarse en blanco. A menudo oigo decir a mis alumnos que temen olvidar lo que tienen que decir o quedarse en blanco frente a sus oyentes. Yo también lo he pensado alguna vez. Antes de ponerte ante tus oyentes, pregúntate «*¿Por qué tú?*» para redirigir la atención de tu nerviosismo a tu motivación.

Lleva notas o un bosquejo; yo uso estos medios en todos mis discursos o presentaciones. Puede que ni siquiera las consulte, pero saber que puedo recurrir a ellas calma mi temor. Si lo necesitas, escribe la primera frase y la última. Imprime estas notas en una fuente grande, con un generoso espaciado y a una sola cara, para poder pasar fácilmente de página. Hay también un estudio fascinante que muestra que masticar chicle antes de un discurso o examen oral mejora la memoria inmediata de palabras. ¡Pero recuerda tirar el chicle antes de empezar tu charla o discurso![3]

No hablar en público con frecuencia. Es comprensible que, si no hablas en público con frecuencia, te sientas incómodo haciéndolo. ¡La solución es hacerlo más! Hay muchas oportunidades para hablar en público. He llegado a la conclusión de que los clubs de *Toastmasters* son la mejor opción para practicar la oratoria en una atmósfera segura y constructiva.

Ve al capítulo 1 para ver qué otras oportunidades tienes de hablar en público.

No saber cómo hacerlo. Muchas personas temen hablar en público porque no saben cómo hacerlo. Es como si tuvieras que tocar un instrumento musical nuevo ante un grupo de compañeros por primera vez. ¡Naturalmente que estarías nervioso! La solución es… aprender. Lee este libro. Haz un curso. Trabaja con un profesor particular. Hablar en público es una habilidad; cuanto más la desarrolles, más se reforzará tu confianza y vencerás el temor.

Habla. Habla de tus temores de hablar en público con un amigo o colega. Habla sobre formas de vencerlos y reconoce que puedes hacer muchas cosas. Lee la lista anterior para identificar tus preocupaciones y prueba con algunos consejos.

Haz una pausa y respira. Es sorprendente lo que puede conseguir un tiempo muerto. Cuando sientas ansiedad o nerviosismo, sea antes de hablar o hacia la mitad del discurso, tómate cinco segundos para hacer una pausa y respirar. Si puedes, cierra físicamente la boca (para que no se te escape una palabra de relleno) y luego inspira y exhala el aire por la nariz. Esto te ayudará a centrarte y dará también a tus oyentes un tiempo para alcanzarte si se habían perdido.

APRENDE A RESPIRAR

Cuando me preguntan qué es lo más importante en el aprendizaje de la oratoria, respondo con una palabra: respiración. Sí, ya sé que respirar parece algo obvio, pero la respiración es un recurso increíblemente eficaz que solo se aprende si se es intérprete, actor, orador o practicante de yoga. Para un cantante, la respiración puede suponer la diferencia entre el éxito o el fracaso.

No estoy hablando de la respiración inconsciente que efectuamos de forma instintiva, sino de respirar con un propósito específico en mente. La expresión más común para aludir a este tipo de respiración es «respiración diafragmática».

Esta clase de respiración deliberada tiene dos beneficios incalculables en la oratoria. En primer lugar, calma al orador. Más adelante te mostraré cómo la respiración reduce la ansiedad y te ayuda a concentrarte antes de empezar a hablar y durante el discurso. En segundo lugar, imparte riqueza y plenitud a la voz, y te permite controlar la situación. Dos beneficios bastante importantes, ¿no te parece? Vamos, pues, a aprender a respirar con el diafragma.

Existen cientos de técnicas de respiración. Voy a presentarte aquellas que nos funcionan a mí y a mis clientes. Para realizar este ejercicio tendrás que ponerte en pie. Si por alguna razón no puedes hacerlo de pie, puedes hacerlo sentado, erguido en una silla. Si durante este ejercicio te sientes mareado o la cabeza te da vueltas, relájate y respira con normalidad[4].

Deshazte de la energía nerviosa

Antes de centrarnos en la respiración en sí, vamos a deshacernos de la energía nerviosa. Puedes entrenarte para hablar igual que para practicar un deporte. Ponte en pie y echa lentamente los hombros hacia atrás en movimientos circulares. Sacude las manos y los pies, de uno en uno. Estira lentamente el rostro y luego contráelo: siente como si estuvieras masticando el aire para calentar las mejillas. Exhala el aire por la boca como si fueras un caballo, haciendo vibrar los labios. Hazlo primero sin vocalizar y después vocalizando ligeramente. Encontrarás un ejemplo de estos ejercicios en www.speakwithimpactbook.com. ⊕

Respiración, primera parte: Encuentra la postura adecuada

Ponte en pie, erguido, con los pies ligeramente separados y plantados con firmeza en el suelo. Aspira suavemente por la nariz y levanta los brazos por encima de la cabeza. Exhala el aire por la nariz y baja lentamente los brazos sin mover la caja torácica. Sigue respirando por la nariz. Estás en pie, erguido y con los pies firmes en el suelo; tus hombros están hacia atrás y relajados. Esta es la postura correcta para hablar con confianza.

Respiración, segunda parte: Inspiración

Ponte una de las manos en el pecho y la otra sobre el ombligo. Inspira y exhala con suavidad. ¿Qué mano se mueve cuando inspiras? Puede ser la del pecho, la del ombligo o ambas a la vez. Quiero que te concentres en el vientre cuando inspires. Relaja el pecho para que no suba y baje.

Ponte las dos manos sobre el ombligo. Imagina que tienes un globo en el estómago y que, cuando inspiras, este se expande y se llena de aire. El estómago se agranda con tu inspiración; después, al exhalar, vuelve a su tamaño y posición. Aunque puede que tengas la sensación de estar haciendo exactamente lo *contrario* de lo que haces normalmente, inténtalo algunas veces hasta que te salga con naturalidad; a continuación, haz una pausa y respira de forma normal. Recuerda mantener relajada la parte superior del cuerpo; al usar esta técnica no deberías sentir ninguna incomodidad.

Respiración, tercera parte: Habla «con la respiración»

Ahora que hemos aprendido a inspirar, aprendamos a hablar mientras expulsamos el aire. Inspira silenciosamente mientras cuentas hasta tres (no olvides usar el método que acabo de explicar). Después, exhala y cuenta hasta cuatro en voz alta, haciendo que tu respiración apoye tus palabras como un colchón de aire. Puedes ver una demostración de este proceso en www.speakwithimpactbook.com. ⊕ Imagina que el sonido se sitúa delante de tu rostro, como si tuvieras altavoces en las mejillas, en lugar de sentir que las palabras se te quedan agarradas a la garganta.

Ahora relájate y respira normalmente. Es importante hacer frecuentes pausas durante estos ejercicios. Cuando estés preparado, inspira y exhala mientras dices: «¡Buenos días!». Inspira de nuevo. Al exhalar, di: «Me llamo [tu nombre]». Este ejercicio te permite practicar la respiración entre frases.

Una vez tuve nódulos en las cuerdas vocales, una experiencia aterradora que me impedía cantar. Visité a un otorrinolaringólogo (un médico especialista en garganta, nariz y oído) del *Boston Medical Center* y, por recomendación suya, a Hadas Golan, una logopeda especializada en el cuidado profesional de la voz. Golan subrayó la importancia de inspirar y espirar por la nariz, que actúa como filtro y humedece el aire que entra por la garganta y pulmones. También me ayudó a prestar más atención a la respiración. No se trata, como me dijo, de inspirar más volumen de aire, sino de hacerlo de forma más dosificada y respirando con más suavidad. También trabajó conmigo en el asunto de articular y situar las palabras delante del rostro, como antes he descrito. Tras varios meses de practicar técnicas de respiración y locución con Hadas, los nódulos desaparecieron y no tuve que pasar por el quirófano. Hasta el día de hoy sigo usando sus ejercicios antes de hablar o cantar.

Preguntas frecuentes sobre la respiración

¿Cómo puedo practicar estas cosas? Dedica unos minutos cada mañana a practicar estas técnicas respiratorias. Hazlo también por la noche, antes de acostarte. Inhalar contando hasta cuatro y exhalar (en silencio) contando hasta cinco es una maravillosa forma de relajarse antes de dormir. Otros lugares para practicar discretamente son en los vuelos, en los trayectos al trabajo (siempre que no conduzcas) o durante reuniones o conferencias.

¿Cuánto tiempo puede ser necesario hasta que te sientas cómodo con la práctica de estos ejercicios? Depende. Si ya has estudiado técnicas de respiración alguna vez, te familiarizarás con estas rápidamente. Si nunca has trabajado la respiración, puede que te lleve un poco más de tiempo. Ten paciencia y practica unos minutos cada día.

¿Con cuánta frecuencia deberías respirar así? No tienes que respirar siempre usando estas técnicas. Puedes hacerlo justo antes de un discurso o presentación, para calmar el nerviosismo y concentrarte, y también antes de presentarte al público. Cuando te sientas cómodo con estas técnicas, úsalas en cada signo de puntuación del discurso. No las apliques frente a una audiencia hasta que puedas realizarlas sin esfuerzo (y sin tocarte el vientre).

¿Qué sucede si no oigo la diferencia? A algunas personas les lleva un poco más de tiempo aprender estas técnicas. A veces se debe a particularidades vocales que hacen que sea difícil notar la diferencia. Factores como tener nódulos en las cuerdas vocales, ser fumador o estar resfriado impiden que la voz resuene plenamente. Si tienes preguntas o preocupaciones sobre la voz, considera la posibilidad de visitar a un otorrinolaringólogo o a un logopeda.

Practica estas técnicas algunas veces y, después, relájate y respira normalmente:

Primer paso: Encuentra la postura correcta (en pie y erguido).

Segundo paso: Inspira (usando el abdomen).

Tercer paso: Di «Buenos días» mientras expulsas el aire.

Busca a un compañero de prácticas y prueba un ejercicio de «antes/después». Respira normalmente y preséntate. Respira después usando estas técnicas y preséntate hablando mientras expulsas el aire. Puede que tú no aprecies la diferencia, pero tu compañero seguramente sí. Intenta hacer lo mismo con una grabadora, para poder oír la diferencia. Practica unos minutos cada día.

DESARROLLA TU CONFIANZA

En mi experiencia, la confianza es uno de los elementos más importantes para hablar en público. Si estás confiado, los oyentes perdonarán algunas muletillas o errores. Si te sientes cómodo con el tema y contigo mismo, es más probable que tus oyentes confíen en ti. No estoy hablando de arrogancia o pedantería. No se trata de esforzarte por mostrarles a tus oyentes que eres mejor que ellos; sino de tener una profunda convicción de tu valor y capacidad para comunicar tu mensaje.

¿Cómo conseguimos y desarrollamos la confianza? En su obra *La clave de la confianza*, Katty Kay y Claire Shipman entrevistan a expertos que afirman que los genes son los responsables de entre un 25 % y un 50 % de nuestra confianza[5]. Aun así, podemos hacer mucho por desarrollarla. Cuando mi equipo y yo tratamos este tema durante los talleres, lo dividimos en dos áreas: qué cosas *crean* confianza y cuáles la *expresan*.

¿Qué cosas crean confianza? Tómate un minuto y piensa sobre esa pregunta.

Te sientes más confiado cuando:

- Alguien da validez a tu trabajo. Por ello, en nuestros talleres, siempre enfatizamos lo que las personas hacen bien antes de hablar de lo que tienen que mejorar. Es también importante que te des cuenta de que tus oyentes *quieren* que te vaya bien.

- Has experimentado éxito en el pasado. Esta es la razón por la que te sentirás mejor cuantos más discursos *buenos* des.

- Conoces el tema y tienes las capacidades adecuadas. Esta es la razón por la que formarte para hablar en público es importante.

- Has practicado y te has preparado. Por ello improvisar un discurso o charla es tan enervante.

- Sientes que lo que haces tiene un propósito. Esta es la respuesta a la pregunta «*¿Por qué tú?*».

- Te valoras a ti mismo y lo que aportas al discurso.

Evalúa estos elementos. ¿Cuáles de ellos tienes que trabajar para desarrollar tu confianza? Observa que algunas de estas cuestiones no dependen de ti sino de otras personas. ¿Qué puedes hacer para que otros desarrollen confianza en ti?

Consideremos ahora cosas que *expresan* la confianza. Piensa en un orador verdaderamente confiado de tu organización o comunidad. Puede que sea un ejecutivo o un dirigente político. ¿Qué hace que esta persona parezca confiada?

- Cuando saluda a alguien, su apretón de manos y contacto visual directo transmiten que se siente confiado. Cuando está hablando en público, son sus gestos, una postura erguida pero relajada y su contacto visual con la audiencia.

- Su voz transmite confianza. Una voz confiada no suena temblorosa e inaudible, sino clara y calmada. No tiene por qué ser necesariamente fuerte, pero sí firme y sólida.

- Su presencia transmite confianza en sí mismo. Resuena con energía a su alrededor y llega al público.

- Las personas que tienen confianza hablan con un ritmo fluido, sin apresurarse en exceso ni hacer demasiadas pausas.

¿Qué observas en esta lista? La confianza se expresa más en la comunicación no verbal que en las propias palabras. Es un tipo de energía que afecta a las palabras. Pero las palabras correctas (el verdadero lenguaje) afectarán también a esta energía.

Concéntrate primero en las cosas que *crean* la confianza y después en las que la *expresan*. Esencialmente, tienes que desarrollar confianza para poder expresarla.

La Declaración de valores esenciales. Uno de los recursos más potentes que usamos para el desarrollo de la confianza es la Declaración de valores esenciales. Desarrollé este recurso después de leer un informe de la Universidad de California que mostraba que las personas que afirmaban sus valores personales antes de hablar en público experimentaban menos estrés cuando lo hacían[6].

Así es como funciona:

1. Haz una lista de tus valores esenciales.

2. Subraya aquel con el que más te identificas.

3. Escribe un párrafo sobre cómo vives este valor cada día.

El siguiente es un ejemplo de Meghan González, directora comercial de *Global Public Speaking*.

La integridad es un valor esencial de mi trabajo y la base de todas mis interacciones profesionales y personales. Vivo este valor cada día siendo honesta con mis amigos, familia y colaboradores, haciéndome responsable de todo lo que hago. Siempre priorizo la integridad por encima de las decisiones más fáciles. Me esfuerzo en ser un ejemplo para mi equipo y mi familia, mostrando los fuertes valores morales que busco en los demás.

Inténtalo. ¿Cómo vives tus valores cada día? El resultado final es tu Declaración de valores esenciales. En www.speakwithimpactbook.com encontrarás un folleto que te guiará a lo largo de este ejercicio. Tenlo a mano y léelo en voz alta antes de cada discurso, presentación o conversación difícil. Esto te reafirma en tu identidad y en las cosas que son importantes para ti, lo cual desarrolla increíblemente tu confianza.

Inspira y exhala. Busca un lugar tranquilo y siéntate erguido en una silla cómoda. Cierra los ojos y concéntrate solo en tu respiración. Siente que tu estómago se expande suavemente durante la inspiración y se relaja cuando exhalas el aire. Inspira lenta y silenciosamente, contando hasta 3, y exhala poco a poco mientras cuentas hasta 4. Si dispones de poco tiempo, piensa que incluso un minuto de esta forma de respirar te ayudará a calmarte.

Práctica mental. Vuelve al ejercicio mental que explicamos en el capítulo 5 y utilízalo para calmarte, centrarte y desarrollar la confianza de que harás un trabajo excelente. Imagínate impartiendo un discurso potente, que tiene un gran impacto en tus oyentes, y sentirás que ya eres un buen orador.

CAPÍTULO 8

Da el discurso

Todos esos detalles de última hora

PREPÁRATE

Se acerca el día del discurso o presentación. Has seguido las pautas de este libro y te sientes cómodo con el mensaje, crees que el lenguaje es auténtico e impactante, has practicado la escenificación y has hecho ejercicios de respiración para calmarte. ¡Buen trabajo! Ahora tu mente se dirige hacia todas las pequeñas cosas que marcan la diferencia entre el éxito o el fracaso de un discurso, y te preocupas de las potenciales situaciones que pueden ir mal. Recorramos los últimos pasos antes de dar un discurso o presentación. Lo que sigue son las técnicas contrastadas de una oradora trotamundos que da casi cien presentaciones al año y ha desarrollado una rutina para la eficiencia y el éxito. ¡No cometas los mismos errores que yo!

LOGÍSTICA

Practica, pero no en exceso. La mañana del discurso suelo leer todo el discurso o presentación en voz alta, sirviéndome de las notas que he creado. Por lo general, lo hago en frente de un espejo y observo también mi lenguaje corporal. Este ejercicio refuerza mi confianza y me recuerda que estoy preparada.

Entérate de cuál es el lugar exacto en el que vas a hablar. No te creerás cuántas veces, al llegar al aeropuerto de una ciudad, me he dado cuenta de que no sé la ubicación exacta del lugar en el que he de hablar al día siguiente, *ni tengo el teléfono del organizador.* Una rápida lista de control resolvió este tipo de problemas; cerciórate con tiempo de que tienes todos los detalles que necesitas. En www.speakwithimpactbook.com puedes ver la lista de control para preparar los talleres que usan todos nuestros formadores de *Global Public Speaking.* ⊕

Llega temprano y prepara la sala. ¿Hay restos de bocadillos de los anteriores usuarios de la sala? ¿Está el equipo audiovisual guardado en un armario y nadie tiene la llave? Llega a la sala al menos una hora antes que los asistentes y asegúrate de que todo está en orden. Una de las cosas más estresantes para mí es estar todavía trabajando en los preparativos cuando empiezan a llegar los asistentes, lo cual significa que no puedo saludarles personalmente. Pide el número de teléfono de algún contacto local para que puedas llamar a alguien si necesitas ayuda. En *Global Public Speaking,* nuestra meta es estar aburridos treinta minutos antes de que lleguen los primeros asistentes a nuestras presentaciones o talleres. ¿Por qué? Porque esto significa que hemos llegado temprano, resuelto cualquier problema que haya podido producirse y estamos preparados para empezar.

¿En qué lugar de la sala vas a ubicarte? Decídelo con antelación y prepara lo que vayas a necesitar: agua, tus notas y quizá tu teléfono con una aplicación que pueda ayudarte a controlar el tiempo. Las salas de conferencias grandes suelen tener temporizadores para que el orador tenga una referencia constante, pero en las salas más pequeñas tenemos que usar nuestros propios recursos.

Nota: Si usas el teléfono durante una presentación, ponlo en modo avión. Recuerdo una vez en la que estaba en medio de una presentación cuando recibí la llamada de una amiga que estaba en el hospital, en fase terminal. Aunque el teléfono estaba en silencio, reconocí su número y me costó mucho concentrarme durante el resto de la presentación.

¿Alguien va a presentarte? Si es así, recuerda llevar una presentación impresa para esta persona. Cuando la escribas, léela en voz alta, puesto que es lo que va a hacer tu presentador, y cerciórate de que suena fluida. Mándasela con antelación al organizador por correo electrónico, pero lleva una copia impresa en una fuente de gran tamaño.

Saluda a los asistentes a medida que vayan llegando. Muchas veces mis clientes me confiesan que no les gusta hacer su discurso ante un grupo de extraños, por lo que les recomiendo que saluden a las personas cuando van entrando a la sala. Una gran sonrisa y un buen apretón de manos te ayudarán a conectar a nivel personal. Pregúntales qué esperan que les aporte tu presentación o cuánto saben sobre el tema. Cuando te interesas por las demás personas te olvidas un poco de tu nerviosismo. Recuerda que esto te da la oportunidad de establecer una relación con cada oyente. Puedes iniciar esta relación en el momento en el que alguien entra en la sala y continuarla mucho después de que termine tu discurso.

CÓMO VESTIRTE

Aunque no nos guste admitirlo, en parte se nos juzga por nuestra forma de vestir. Junto con nuestro lenguaje corporal, nuestra indumentaria transmite un determinado mensaje al entrar en una sala, antes incluso de que hayamos dicho una sola palabra. ¿Deberías llevar traje o unos vaqueros y una camiseta? Hazte de nuevo las dos primeras preguntas que hemos de hacernos para hablar en público: *¿Quiénes son tus oyentes? ¿Cuál es tu objetivo?* La cultura de tu público determina, en parte, cómo debes vestirte para la ocasión. Es importante encontrar un equilibrio entre lo que es cómodo y lo que es apropiado para la ocasión. Si procedes de una cultura distinta y quieres llevar algo que la represente, hazlo con orgullo, plenamente consciente de lo que haces, reconociendo que tu forma de vestir manda un mensaje que no es necesariamente el mensaje de tu discurso.

Un amigo se presentó a unas elecciones en una zona rural de Estados Unidos. En las semanas siguientes tenía que dirigirse a los obreros de una fábrica local.

«¿Cómo vas a vestirte?», le pregunté.

«Te diré lo que *no* voy a ponerme: el traje con chaleco que llevo ahora mismo», respondió. «Me vestiré con ropa más informal para que me vean más accesible».No es cuestión de hipocresía, sino de escoger una forma de vestir que comunique el mensaje que quieres comunicar.

Si eres un profesional joven y tienes que vestirte para tu primera entrevista laboral importante, no te pondrás unas sandalias y un pantalón corto, sino un traje que transmita profesionalidad. Pero si eres un ingeniero de *software* que vas a entrevistarte con el fundador de una empresa emergente y apareces con un traje, vas a transmitir una actitud conformista o una falta de creatividad, que es lo contrario de lo que quieres demostrar. Te propongo algunas directrices generales sobre la forma de vestir:

- **Siéntete cómodo.** Algunas de mis clientas me han preguntado si en un entorno empresarial formal tienen que ponerse zapatos de tacón, aunque se sientan incómodas con ellos. Mi respuesta es «no». Solo procura que tu calzado tenga un aspecto profesional y no se vea viejo y gastado. Estas mismas clientas me han preguntado también si pueden llevar el pelo suelto o deben recogérselo de algún modo. Mi respuesta es la misma, tanto para los hombres como para las mujeres: procura que el pelo no te oculte el rostro o te cubra los ojos. ¿Sueles sudar mucho cuando estás nervioso? Escoge colores oscuros para que tus oyentes no vean manchas de sudor cuando muevas los brazos. Vístete por capas, para poder quitarte ropa sin dejar de sentirte cómodo. Suelo darles este consejo a las mujeres que están pasando por la menopausia para que puedan ponerse más cómodas si la iluminación del escenario hace aumentar la temperatura. El día de tu charla estarás nervioso por muchas razones: el mensaje, los oyentes, etc. Al menos no te sientas incómodo por tu forma de vestir.

- **Haz que tu forma de vestir esté en la misma línea de tu objetivo.** ¿Qué imagen esperas presentar a tus oyentes? ¿Quieres expresar confianza y estilo o autoridad? ¿Quieres que tus oyentes te vean como una persona práctica y poco convencional? Escoge tu indumentaria de acuerdo con tu objetivo.

- **Piensa en el lugar donde se celebrará el evento.** Si vas a hablar en un panel, es muy probable que estés sentado en una silla sobre una tarima elevada, con el nivel visual de la audiencia por debajo de tu cintura. Si llevas pantalones, procura que sean cómodos para estar sentada. Si llevas falda o un vestido, asegúrate de que te cubran suficientemente.

- **Si tienes dudas, pregúntale a alguien de confianza.** Pregunta cuál es el código de vestimenta a algún colega que haya hablado en un evento parecido o al organizador. En lo personal, prefiero pasarme de prudente, lo cual me recuerda los consejos de mi madre cuando estaba en la secundaria: «Allison, *eres tú* la que marca el código de vestimenta».

CUIDA TU CUERPO

Hablar en público es como practicar un deporte. Es una actividad física y mental que requiere entrenamiento y preparación. Estos son algunos consejos para mantenerte en forma y estar bien preparado para hablar.

- *Duerme bien la noche previa al discurso.* En cuanto a mí, necesito dormir entre siete y ocho horas antes de dar un discurso. Aunque he dado discursos con seis horas de sueño, no estoy en mi mejor forma ni puedo hacerlo siempre. Aparta tiempo y duerme suficientemente. Puede que tengas que alojarte en un hotel la noche antes del discurso, de modo que es bueno que sepas lo que necesitas para dormir bien en este entorno. En mi caso suelo usar una aplicación de ruido blanco y tapones para los oídos.

- *Haz algún tipo de ejercicio.* Tu cuerpo es un instrumento físico que responde a estímulos físicos. Da un paseo a buen ritmo, ve al gimnasio o haz algunos ejercicios en tu habitación el día del discurso (yo suelo hacer flexiones, cuclillas, correr sin moverme del sitio y estiramientos).

- *Medita.* He descubierto que pasar tiempo meditando el día del discurso (y cada día) me ayuda a calmarme. Me siento en una silla durante quince minutos y me concentro en la respiración, utilizando las técnicas que hemos aprendido en el capítulo 7. Hay muchos métodos de meditación; utiliza el que mejor te funcione a ti.

- *Bebe mucha agua.* Puesto que beber agua hidrata las cuerdas vocales, hazlo antes del discurso y siéntete con la libertad de tener una botella o vaso a mano, en el atril o en la mesa.

- ***Protege la voz.*** Si el día del discurso estás resfriado, toma pastillas contra la tos para suavizar la garganta y limítate a tomar infusiones con miel, evitando las bebidas con cafeína. Si has perdido la voz, intenta recobrarla mediante gárgaras con agua salada templada. Y practica un descanso vocal (es decir, silencio absoluto) durante las veinticuatro horas antes del discurso.

Qué evitar antes de hablar

Como cantante de ópera, entendí muy pronto qué cosas tenía que evitar antes de subir al escenario. Ciertos alimentos y bebidas reducen la calidad de la voz para cantar y tienen el mismo efecto a la hora de hablar.

- *Evita lugares muy ruidosos.* Socializar en un bar la noche antes del discurso puede ser divertido, pero tener que gritar para hacerte oír fatiga la voz. Procura relacionarte en espacios más tranquilos, con menos personas, o llega temprano y márchate temprano.

- *Evita el alcohol.* Cantar en un karaoke me enseñó que, aunque beber alcohol podía mejorar la forma en la que percibía mi voz, no mejoraba la forma en la que la escuchaban mis oyentes. Beber antes de un discurso o presentación te pone en una posición peligrosa porque subes al estrado con una capacidad mental mermada. Si estás nervioso, usa los métodos naturales que se han explicado en este libro en lugar de recurrir al alcohol.

- *Reduce la cafeína.* Observa que no he dicho «evita la cafeína», porque yo misma no lo he conseguido. Entiende que la cafeína seca las cuerdas vocales (como lo hace el alcohol) y bebe infusiones con miel antes de hablar.

MI RITUAL ANTES DEL DISCURSO

Recuerdo una ocasión en la que hice de asesora para un grupo de estudiantes universitarios, hace diez años, el día que tenían que presentar sus proyectos de liderazgo a donantes, padres y profesores. Me rodearon en el vestíbulo de la sala de conferencias, pidiéndome ayuda para calmarse. Estaban tan nerviosos que habían perdido el apetito. Realizamos el siguiente ejercicio, que ahora uso con todos mis clientes, sean profesionales jóvenes o veteranos ejecutivos. Solo lleva cinco minutos, pero cambia totalmente nuestra actitud mental para hablar en público. Puedes ver un vídeo que te guiará paso a paso por este ejercicio en www.speakwithimpactbook.com. ⊕ Puedes adoptar mi ritual para antes de hablar en público o desarrollar uno propio que te funcione, pero te animo a practicar alguno.

Primer paso: Encuentra un lugar tranquilo donde puedas estar solo. Puede ser tu oficina, la habitación del hotel o incluso un baño público del edificio donde se celebrará el evento.

Segundo paso: Expulsa la energía nerviosa. Comienza sacudiendo los brazos y las piernas, uno por uno. Extiende el rostro para relajar levemente la mandíbula. Articula sonidos con los labios, haciéndolos vibrar para calentar la voz. Encuentra la postura correcta para hablar: levanta los brazos mientras inspiras suavemente y después exhala lentamente al tiempo que bajas los brazos sin mover la caja torácica. En el capítulo 7 hay más consejos sobre la respiración.

Tercer paso: Céntrate. Inspira de forma suave y repetida por la nariz, sintiendo cómo tu cuerpo se llena de energía. Al exhalar, concéntrate en lo que sucede en ese momento. No pienses en otra cosa que la respiración. Inspira contando hasta tres y exhala lentamente contando hasta cuatro.

Cuarto paso: Recuerda la pregunta ¿Por qué tú? Responde en voz alta a esta pregunta. Lee tu Declaración de valores esenciales (del capítulo 7) en voz alta. Este ejercicio impide que tu mente se quede en blanco porque te conecta con tu motivación; deja de pensar en tu nerviosismo y concéntrate en tu mensaje y en el impacto que tendrá en tus oyentes.

Quinto paso: Repasa el comienzo y el final. Las únicas partes del discurso que recomiendo memorizar son el comienzo y el final para que, cuando abandones el escenario, estés preparado para comenzar y terminar con fuerza y decisión.

Realizar este ejercicio lleva cinco minutos, pero puede cambiar toda tu perspectiva sobre el discurso que estás a punto de dar. ¡Inténtalo!

EN EL ESCENARIO

Has hecho ejercicios de calentamiento, te has concentrado y has preparado un gran discurso o presentación. Has subido al escenario o estás en una sala de conferencias frente a un atril mirando un mar de rostros expectantes vueltos hacia ti. Con algo de suerte, algunos de ellos sonríen y pocos trastean sus dispositivos electrónicos. ¿Y ahora qué?

No le des muchas vueltas ni pienses que tienes que crear un clima distendido con una introducción del estilo «¡Pues nada! ¡Aquí estamos!». *Haz una pausa y respira*, sonríe, mira a una persona y di tu frase introductoria. Mira después a otra persona y di la frase siguiente. De repente, has dejado de pensar en tu nerviosismo y piensas en el mensaje. Los oyentes sonríen y asienten, algunos toman notas y tú empiezas a sentirte cómodo. A medida que avanza el discurso, crece tu confianza en tu motivación y te centras en el poder de tu mensaje. Mantienes el contacto visual para cultivar la conexión con tus oyentes y tu lenguaje corporal refuerza tus palabras. Tu voz es sólida y tu tono resuelto. Tus palabras tienen un impacto. ¡Lo estás consiguiendo!

Por supuesto que te equivocarás en algunas cosas. No hay discursos perfectos y nunca los ha habido, pero lo que importa no son los errores de tu discurso sino tu confianza para manejar la situación.

¿Qué sucede si te quedas en blanco mientras hablas?

Para estos casos tienes un bosquejo con las ideas más importantes. *Haz una pausa y respira*, inclina la cabeza con expresión pensativa, mira tus notas y pasa al punto siguiente.

¿Qué sucede si el equipo audiovisual no funciona? Tú

has llegado temprano y has verificado a conciencia el equipo audiovisual pero, aun así, puede haber alguna avería. En este caso tienes algunas opciones: puedes conservar la calma e intentar resolver el problema mismo, puedes hacer un corto receso, o puedes seguir adelante sin usar el equipo diciendo: *Sigamos adelante y esto lo resolveremos después.*

¿Qué puedes hacer si tus oyentes parecen distraídos?

Puedes hacerles algunas preguntas o plantearles alguna cuestión para que la comenten en grupos de dos a fin de renovar su atención. Lee la información en el recuadro de texto sobre analizar la situación.

¿Qué sucede si me desmayo de los nervios? Eso no va

a pasar. *Haz una pausa y respira* para calmarte y centrarte en tu mensaje.

ANALIZA LA SITUACIÓN

La comunicación es bidireccional: la respuesta de los oyentes a tu discurso es variada y distinta. Ahí van algunos indicadores positivos y negativos que hemos de buscar. Ten en cuenta que las reacciones de los oyentes varían mucho dependiendo de la cultura. Por lo tanto, dedica algún tiempo a informarte sobre la culturas, o las culturas, de tus oyentes.

Reacciones positivas

Es fácil percibir que los oyentes responden positivamente. La sala se llena de una energía o electricidad; a veces uno hasta se olvida del tiempo. Estos son algunos indicadores:

- Hay contacto visual

- Los oyentes asienten

- Hay sonrisas/risas en determinados momentos

- Hay preguntas y comentarios

- Se toman notas

Normalmente, estas reacciones positivas se producen cuando uno dedica tiempo a formular su mensaje de forma relevante y urgente para sus oyentes. También cuando uno se identifica con lo que está diciendo y lo transmite con energía, convicción y confianza.

Reacciones negativas

En mis talleres siempre advierto sobre el peligro de dejarse arrastrar cuando los oyentes parecen poco motivados. A veces esto puede deberse a tu presentación, pero en otras ocasiones tiene que ver con circunstancias externas. Estos son algunos indicadores:

- Distracción con el teléfono o dispositivos digitales
- Lenguaje corporal defensivo (brazos cruzados, expresión enfurruñada)
- Apoyar la cabeza en las manos
- Se rehúye el contacto visual
- Algunos oyentes se duermen

¿Cuándo se producen estas reacciones negativas? A veces nos toca dar un discurso o presentación al final de un día largo. A veces los oyentes han estado en conferencias interminables y sin participación. Puede que la sala esté fría. También se producen reacciones negativas cuando el orador no dedica tiempo a presentar el material de forma pertinente para sus oyentes o si él mismo está aburrido.

Cuando veo este tipo de reacciones en varias personas durante el discurso (no solo en una), aplico alguna de las técnicas siguientes:

- **Abrir un tiempo de preguntas.** «Vamos a detenernos por un momento. ¿Tienen alguna pregunta?».

- **Hacer preguntas a los oyentes.** «¿Quién ha tenido una experiencia con esta cuestión? ¿Qué aprendió de ella?».

- **Formar grupos de dos.** Pido a los oyentes que se agrupen de dos en dos y hablen de los pros y contras de algo que se ha expuesto en el discurso.

- **Resumir los puntos más importantes presentados.** Suelo hacerlo para cerciorarme de que mis oyentes me han comprendido.

- **Contar una historia.** A veces inserto una anécdota o historia relevante que permita a los oyentes relajarse y escuchar.

- **Debate grupal.** Suelo plantear alguna cuestión y pedir a mis oyentes que la analicen en cada mesa para después compartir las conclusiones.

DESPUÉS DEL DISCURSO

¡Felicidades! ¡Ya has dado el discurso o presentación! Ahora puedes volver a casa y relajarte, ¿verdad? ¡Pues no! Puedes dar el mismo discurso cien veces sin mejorarlo nunca. La forma en la que valoras y analizas el discurso después de haberlo impartido es una parte crucial de tu desarrollo como orador. Analiza la experiencia haciéndote estas tres preguntas no más de diez minutos después de tu discurso o presentación.

1. **¿Qué ha ido bien?** Sé específico.
2. **¿Qué no ha ido bien?** Sé sincero.
3. **¿Qué vas a hacer de forma distinta la próxima vez?** Sé estratégico.

He creado un Cuaderno de bitácora del orador para que nuestros clientes puedan hacer un seguimiento de los comentarios que reciben por cada discurso o presentación. Puedes encontrarlo en www.speakwithimpactbook.com. ⊕ También tenemos formularios de evaluación que puedes descargar y entregar a algún amigo o colega de la audiencia antes de tu discurso. Dedica un tiempo para hablar con esta persona inmediatamente después del discurso, para que pueda hacerte valiosos comentarios de evaluación mientras están frescos. Añade estos comentarios a tu cuaderno de bitácora.

Si hay algún vídeo de tu discurso, *míralo*. A mí tampoco me gusta nada hacerlo, pero siempre acabo descubriendo cosas nuevas y es una parte muy importante de mis talleres de comunicación para líderes. Se observan cosas como el declive de la voz al final de las frases o la falta de energía. Los atletas ven vídeos de sus pruebas y los músicos hacen lo mismo con sus interpretaciones. Si de verdad quieres mejorar, tienes que ver la realidad del discurso y no basarte solo en tus sensaciones al finalizar. Pídele también a algún amigo o colega que te dé sus comentarios tras los discursos. Con frecuencia harán observaciones que tú no ves o no quieres ver.

¡Puede que, en ocasiones, al ver el vídeo de tu discurso te sientas agradablemente sorprendido de cómo fue! En estos casos, ¿qué te parecería mostrarlo en algún medio de comunicación social, o colgarlo en línea, si tu organización te lo permite? Si tienes interés en darte a conocer como orador, colgar un vídeo de calidad en internet es una gran forma de difundir tus capacidades oratorias a posibles interesados.

Basándote en tu propia valoración de cómo fue el discurso y de los comentarios que recibes de tus amigos, colegas y del vídeo en línea, es el momento de hacer planes para seguir avanzando. ¿Unirte a *Toastmasters*, donde puedes practicar tus habilidades en una atmósfera segura? ¿Quizá inscribirte en un curso formal de alguna escuela local? ¿Buscar un programa en línea donde repasar tus capacidades? ¿Encontrar a un compañero de prácticas que te ayude en este proceso? ¿O quizá solicitar los servicios de un *coach* ejecutivo que te ayude a mejorar? Todas estas opciones son válidas.

Hablar en público es una habilidad; si das un solo discurso y nunca más vuelves a hacerlo no desarrollarás las capacidades en cuestión. Esperamos que tengas una motivación y pasión para hablar renovadas que te lleven a encontrar nuevas oportunidades para hacerlo, tanto en el trabajo como en otros ámbitos. Muchas veces la formación en comunicación que recibes en el trabajo te aportará capacidades que podrás también usar en tu comunidad para un proyecto de construcción del barrio o para expresar tu opinión sobre un programa especial en la escuela de tu hijo. En todas partes hay oportunidades de causar un impacto a través de la palabra.

Esta primera mitad del libro ha sido un acercamiento paso a paso a la escritura, preparación y verbalización de un discurso o presentación. En la segunda mitad abordaremos situaciones comunicativas específicas como presentaciones con diapositivas, discursos improvisados, moderar un panel, etc. Usa esta segunda mitad como material de referencia; busca aquellas secciones que se aplican a la clase de situaciones a las que te enfrentas para controlar la situación, sea cual sea, e influir en otras personas.

Ilustra el discurso

Cómo usar las ayudas visuales y la tecnología

ENTIENDE EL PAPEL DE LAS AYUDAS VISUALES

Yo no suelo usar muchas ayudas visuales cuando hablo. Mi meta es enseñar a las personas a conectar con sus oyentes en el plano personal y he descubierto que, muy a menudo, esta clase de ayudas se convierten en una barrera. Citando a Tamara Elliot Rogers, que fue vicepresidenta de la oficina de asuntos y desarrollo de graduados de la Universidad de Harvard durante más de una década: «¡Yo soy el mejor PowerPoint!».

Dicho esto, hay maneras de usar ayudas visuales para reforzar eficazmente tu mensaje. Ahí van algunas de ellas:

- **Captar la atención de tus oyentes.** Usada con eficacia, una ayuda visual puede captar (o recobrar) la atención de los oyentes mostrando algo singular e inesperado. Si se han evadido mentalmente, entonces una ayuda física o una diapositiva especial les hará recuperar la atención: «¡Oye, el orador está introduciendo algo nuevo e interesante!». Es una forma eficiente de romper la monotonía de una presentación.

- **Presentar una imagen a tus oyentes.** Las diapositivas te permiten ir más allá de las palabras y poner una imagen ante la mente de tus oyentes. ¿Qué sentido tiene pasarse cinco minutos describiendo un panorama cuando en un instante puedes mostrar una imagen?

- **Llevar a tus oyentes por un recorrido emocional.** La secuencia breve e inspiradora de una película puede tocar las fibras más sensibles del corazón de tus oyentes y crear empatía con el tema que estás desarrollando. Si diriges una entidad sin ánimo de lucro, puedes mostrar un breve video de tu trabajo en el día a día.

- **Reforzar un punto.** Puedes reforzar un punto importante por medio de una diapositiva o imagen. Si uno de los puntos que presentas es que la facturación de tu empresa ha alcanzado niveles sin precedentes, muéstralo mediante un gráfico que compare la tendencia en relación con años anteriores y genere un sentido de apremio.

- **Abordar distintas formas de aprender.** Puesto que aprendemos tanto escuchando como leyendo, ofrece ambas opciones para maximizar el aprendizaje. Si tus oyentes tienen distintos niveles de fluidez idiomática, puede serles útil escuchar y ver simultáneamente el mensaje.

- **Conversar con tus oyentes.** La tecnología puede hacer que una presentación sea mucho más interactiva. Puedes usar medios digitales para consultar a tus oyentes, solicitar y responder preguntas, enviar folletos y permitir medios de comunicación social.

- **Recordar tus notas o leer tu guion.** En algunas salas de conferencias encontrarás pantallas a pie de escenario, orientadas hacia el orador, que proyectan el tiempo del que dispones o las principales ideas de tus notas. Puedes usar un teleprónter para proyectar tu guion.

- **Ampliar tu público.** Puedes usar la tecnología de transmisión en directo para difundir tu mensaje por todo el mundo. Algunas empresas suelen usar esta clase de tecnología para la formación de trabajadores en lugares remotos. O puedes usar Facebook Live para difundir tu mensaje en línea y alcanzar a un público mucho más amplio.

Considera los diferentes tipos de ayudas visuales que existen para ver cuál es la que mejor encaja. Sean cuales sean las que elijas, asegúrate de entender las posibilidades de la sala y de las instalaciones, y el número de oyentes que tendrás.

USO DE AYUDAS FÍSICAS

Lo bueno de usar ayudas físicas es que estas funcionan sin energía eléctrica. Prepáralas de antemano y podrás depender de ellas sin preocuparte del acceso a internet o de tener los adaptadores apropiados. Solo tienes que acordarte de llevarlas contigo o enviarlas de antemano al lugar donde se celebrará la conferencia o presentación.

Accesorios. En la película *Amor sin escalas*, George Clooney pone una mochila ante sus oyentes y la utiliza como una metáfora visual durante su discurso[1]. Es una potente escena que demuestra tanto el uso de instrumentos como la visualización. Una ayuda física puede ser una forma estupenda de sorprender a tus oyentes (el «inesperado» principio de adhesividad de Chip y Dan Heath). Te permite ser creativo con algo simple. Si vas a dar una charla sobre los beneficios de ser propietario de tu casa, puedes ponerte ante tu público, sacar un bolígrafo y decir: «Hace veinte años firmé con este bolígrafo el contrato de compraventa de mi casa. Fue uno de los momentos de mi vida de los que más me enorgullezco».

Regalos promocionales para tus oyentes. Bruce Turkel, autor y orador de referencia, reparte armónicas entre sus oyentes para mostrar el poder de la creatividad y de un enfoque centrado en el cliente, y he visto al músico y orador Mike Rayburn regalar una guitarra de verdad a un desconcertado asistente. Estos regalos inesperados hacen que los oyentes se impliquen y refuerzan los mensajes principales del orador. No hace falta ser un orador profesional (ni regalar instrumentos musicales) para utilizar este tipo de refuerzos. Un regalo pequeño pero inesperado puede ser una forma estupenda de involucrar a tus oyentes.

Folletos o libros de presentación. Si tu presentación es de carácter informativo y tus oyentes van a debatirla con otras personas cuando hayas terminado, considera la posibilidad de llevar unos folletos o un libro de presentación. Estos textos podrían resumir tus puntos principales y consignar todos los diagramas y datos que no quieres proyectar en la pantalla. Suelo dar estos materiales al *final* de mi presentación para que los asistentes mantengan la concentración. Sin embargo, cuando ofreces un libro de presentación, quizá tengas que dar a tus oyentes algunas explicaciones. En este caso, mi colega y experta en oratoria, Trudi Bresner, recomienda que mantengas la atención de tus oyentes usando puntos clave, relatos y anécdotas que no están en el libro de presentación.

Rotafolios o pizarras virtuales. Aunque disponemos de tecnología muy sofisticada, a veces basta con un simple rotulador y escribir. Me gusta pedir a mis oyentes que planteen preguntas y desafíos sobre hablar en público y yo lo voy escribiendo en un rotafolio que todos ven. Después, durante el taller, me refiero a estas preguntas. Esto cambia la naturaleza de la presentación, que se convierte más en una lluvia de ideas interactiva que en una conferencia típica.

USO DE LA TECNOLOGÍA EN EL DISCURSO

Hablemos ahora de algunas formas actuales de incorporar la tecnología en el discurso, reconociendo que siempre hay recursos nuevos y apasionantes en el horizonte. En toda esta sección usaré el término «dispositivo» para aludir a teléfonos inteligentes, tabletas o cualquier otro artilugio inventado entre el momento en que yo escribo y el que tú leas este libro. No importa cuál sea la tecnología que usas: si dependes de una conexión de internet, cerciórate de que la sala tiene la conexión para que tu tecnología funcione.

Muestra una secuencia cinematográfica. Puedes mostrar una corta secuencia cinematográfica para introducir un discurso o para dividir un tema más largo. En algunas conferencias he visto usar fragmentos de películas para distraer a los oyentes mientras los organizadores preparan el escenario para un panel de debate. Si trabajas en desarrollo internacional y quieres mostrar el impacto de tu trabajo sobre el terreno, puedes mostrar una breve secuencia de video de los voluntarios haciendo sus tareas o los efectos humanos del proyecto. Procura tener el permiso correspondiente para mostrar la secuencia (o secuencias) en cuestión.

Usa dispositivos para practicar y recoger comentarios. Existen aplicaciones para practicar que escuchan tu discurso y cuentan el número de muletillas que has usado. La más prometedora es Ummo, que emite un sonido en tiempo real cada vez que usas una muletilla (nota: ¡úsala solo para practicar!)[2]. Puedes también grabarte con el teléfono y escuchar la grabación o enviársela a un amigo, colega o formador para que hagan sus comentarios. Otra opción es usar una videoconferencia para practicar tu discurso con otras personas. Yo utilizo esta tecnología muy a menudo para preparar a mis clientes de otras partes del mundo.

Usa dispositivos para implicar a tus oyentes. Puedes encuestar a tus oyentes y proyectar sus respuestas en una pantalla. Puedes pedirles que hagan preguntas a través de Twitter y responderlas en aquel mismo momento o después del evento. También puedes decirles que envíen un mensaje a un número concreto para suscribirse a una lista de correo o descargar tus diapositivas. Cuando en un taller uso las encuestas, comienzo normalmente con una nube de palabras. Les pido a los asistentes que tomen sus teléfonos, abran la aplicación que han descargado para la conferencia y escriban una palabra que exprese cómo se sienten acerca de hablar en público. Las respuestas se muestran en una pantalla de la sala en tiempo real. Las respuestas suelen ser «nervioso», «ansioso» y «asustado». Después del taller, hago otra nube de palabras y pregunto: «Y ahora, ¿cómo se sienten acerca de hablar en público?». Con algo de suerte entre las respuestas habrá términos como «confiado», «entusiasmado» y «preparado».

En algunas conferencias los organizadores montan una gran pantalla a un lado de la sala para mostrar en tiempo real los comentarios de personas que siguen el evento a través de los medios de comunicación social. Esto crea un debate secundario y permite que los asistentes se conecten en línea, lo cual suele llevar a más conexiones personales. También puedes usar tecnología de transmisión como Facebook Live para difundir contenido a un público virtual.

Usa dispositivos para controlar las diapositivas. El orador puede usar un dispositivo para controlar las diapositivas o proyectar sus notas. Hay nuevos accesorios que permiten controlar las diapositivas con los músculos del brazo[3]. Mi recomendación es que solo uses estos medios si te sientes cómodo con ellos (nunca intentes hacerlo ante una audiencia sin haber practicado a fondo antes).

Usa un monitor para mostrar tus notas. En salas grandes, he visto a algunos oradores utilizando un monitor situado a sus pies para proyectar sus notas. Esto funciona si solo son notas, pero si vas a leer un guion te pasarás todo el tiempo mirando al suelo.

Usa un teleprónter. Para sentirte cómodo leyendo en un teleprónter tienes que practicar. La ventaja es que puedes hacer que alguien te escriba el texto exacto, en un lenguaje natural y conversacional, y generalmente tener contacto visual con tus oyentes. El inconveniente es la dificultad de este medio para salirse del guion sin perder el hilo.

Habrás observado que he mencionado todos los tipos de ayudas visuales. Ahora quiero dedicar toda una sección de este capítulo a las presentaciones con diapositivas.

USO POSITIVO DE DIAPOSITIVAS

Las diapositivas de una presentación pueden mostrar una imagen sobrecogedora, reforzar un mensaje crucial, ilustrar una tendencia sorprendente o mostrar un emotivo vídeo. Hay libros excelentes sobre diseño de diapositivas escritos por expertos en presentaciones, como *Slide: ology: arte y ciencia para crear presentaciones*, de Nancy Duarte[5], y *Presentación Zen: Ideas sencillas para el diseño de presentaciones*, de Garr Reynolds[5]. ⊕ Para nuestro propósito repasaré algunas formas frecuentes de usar indebidamente las diapositivas y te mostraré como aprovecharlas de forma eficaz.

Formas frecuentes de usar indebidamente las diapositivas

Primer uso indebido: *Como recordatorio para ti.* Algunas personas pegan todas sus notas en una diapositiva para refrescarse la memoria cuando no han tenido tiempo de prepararse. Uno de mis primeros clientes, un ejecutivo de Boston, me pidió ayuda para preparar una presentación. Recuerdo en concreto que me pidió que creara una diapositiva que consistía en una serie de palabras fortuitas que no tenían lógica. Le pregunté que cuál era su sentido. Él me respondió: «No te preocupes, son solo un recordatorio de lo que tengo que decir a continuación». Siempre que uses diapositivas, prepáralas pensando en tus oyentes.

Segundo uso indebido: Cubrir mucha información en un breve período. Recuerda que, cuanto más digas, menos te escucharán. Un número interminable de tablas y diagramas en la pantalla solo distraerán a tus oyentes. Pasar diapositivas mientras dices algo como: «No tenemos tiempo de cubrir esto, pero quería que lo vieran», confunde a tus oyentes y diluye tus mensajes principales. Si quieres impartir información extra, prepara algunos folletos.

Tercer uso indebido: Desviar la atención de ti. Algunos oradores ponen todo el contenido de su presentación en las diapositivas para que los oyentes miren a la pantalla en lugar de a ellos. Esta es una oportunidad perdida para conectar con tus oyentes y hace que la presentación parezca más una lección que una conversación. Usa las técnicas que se presentan en este libro para desarrollar tu confianza y para que te sientas cómodo conectando con tus oyentes.

Muchas empresas no solo imponen el uso de diapositivas, sino que obligan al ponente a usar *diapositivas malas* con un exceso de texto y diagramas. Uno no siempre tiene elección en el uso de las diapositivas, aunque cuanto más veterano sea, más puede cambiar estas expectativas.

Cómo usar las diapositivas para bien y no para mal

Antes de diseñar las diapositivas, determina el contenido de tu discurso. Pregúntate después cómo pueden las diapositivas reforzar eficazmente este contenido. Haz una lista de tus puntos clave y después hazte estas preguntas:

- ¿Qué imágenes podrían ilustrar estos puntos?

- ¿Qué tablas o diagramas podrían reforzar estos números?

- ¿Qué citas puedo poner en pantalla?

- ¿Qué *software* quiero utilizar?

Lo lamentable es que lleva más tiempo diseñar buenas diapositivas que malas, aunque las nuevas tecnologías están facilitando mucho las cosas y es fácil subcontratar este trabajo. En cualquier caso, lleva mucho tiempo destilar el contenido de tu discurso y pensar en formas creativas y concisas de presentar visualmente la información.

Si vas a encargar a otra persona el diseño de las diapositivas, hazle llegar tu bosquejo y mensaje con tiempo para que las diapositivas refuercen lo que quieres decir. Es difícil fusionar tu mensaje con las diapositivas de otra persona cuando ya están terminadas.

Estas son algunas de las cosas más importantes que hay que tener en mente cuando se diseñan diapositivas.

Frases cortas, no oraciones largas. Cuando ponemos oraciones largas en una diapositiva, tenemos la tendencia de dar la espalda a nuestros oyentes para leer el texto palabra por palabra. Además, los oyentes leen más rápido de lo que hablamos, de modo que van a leer las diapositivas en lugar de escucharte. Esta es una oportunidad perdida para conectar con tus oyentes. Pon frases cortas en las diapositivas en lugar de oraciones largas. Recuerdo mi primer día de clase en la universidad. Estaba planteándome inscribirme en un curso que impartía un experto mundial. Llegué a clase deseosa de aprender de aquel profesor. Nos dio la bienvenida, se volvió hacia la parte frontal de la sala y procedió a leer una serie de diapositivas, palabra por palabra, durante toda la conferencia. Las diapositivas parecían un *copia y pega* de sus notas. A medida que avanzaba la conferencia, se apoderó de mí un sentimiento de desazón. ¿Cómo iba a escuchar a aquella persona durante todo un semestre si aquella hora se me había hecho interminable?

Letra de tamaño grande. Guy Kawasaki, autor de *El arte de empezar 2.0*, recomienda que tomes como referencia la mitad de la edad del mayor de tus oyentes, y uses este número para establecer el tamaño mínimo de la fuente para tu presentación[6]. Como regla general, debes usar una fuente que una persona mayor que tú pueda leer cómodamente desde el fondo de la sala. Y esto incluye el uso de una tipografía *sans serif* fácil de leer en una pantalla. Te recomiendo encarecidamente que consigas el libro de Guy y leas el capítulo titulado «El arte de presentar».

Una de las cosas que más me irrita es escuchar a un orador que dice: «Sé que la letra es diminuta, pero les pido un poco de paciencia». *No, no voy a tener paciencia. Me está dando dolor de cabeza, así que no voy a poder concentrarme en la pantalla. El orador ha perdido mi atención, a no ser que sea mi jefe, en cuyo caso estoy obligada a prestar atención, pero lo hago a regañadientes.* ¿Es esto lo que quieres que piensen tus oyentes?

Una imagen, una frase por diapositiva. Soy fan de las presentaciones de Steve Job: una imagen, una frase por diapositiva. Piensa en el lanzamiento del iPhone en el 2007: trasfondo negro, una cita, un número y una imagen por diapositiva[7]. ⊕

Un mal diseño de las diapositivas puede ser peligroso cuando esconde información esencial. Un ejemplo demoledor de esto lo encontramos en la explosión del transbordador espacial *Columbia* en el año 2003. En una crucial presentación del proyecto ciertas cuestiones clave quedaron ocultas dentro de complejas diapositivas, con lo que la NASA acabó subestimando los riesgos que implicaba el regreso del transbordador a la Tierra[8]. Cuando presentes una pieza de información crucial, ponla al frente, en el centro, y dedícale toda una diapositiva. De ello puede depender la vida de algunas personas.

Logística en el uso de las diapositivas

Conoce tu tecnología. Dedica mucho tiempo a familiarizarte con cualquier nuevo dispositivo o *software* para la presentación antes de utilizarlo frente a tus oyentes en una situación real. Si no lo haces, tendrás que ponerte a resolver problemas en público y perderás credibilidad.

Repasa con antelación el material con diapositivas. Hablar con diapositivas siempre lleva más tiempo que hacerlo sin ellas, porque mirar diapositivas suele hacernos decir más de lo que pretendíamos en un principio. Practica y cronometra el discurso con las diapositivas para asegurarte de que no sobrepasas el límite de tiempo.

Corrige el texto de las diapositivas. El uso incoherente de la tipografía, los espacios de más entre palabras y los errores ortográficos pueden hacer, instantáneamente, que parezcas perezoso y poco preparado. Corrige el texto de las diapositivas con ojo crítico o pide que lo haga otra persona que no haya estado dos horas mirándolas. Tus diapositivas son una extensión de tu marca y profesionalidad.

Organiza con antelación el apoyo de un técnico audiovisual. Si vas a usar diapositivas, asegúrate de que los organizadores han dispuesto el equipamiento adecuado en la sala. Pregúntate qué otras cosas puedes necesitar, como adaptadores o cables. Puesto que soy usuaria de Mac, siempre llevo mis adaptadores para conectar el proyector de la sala. Envía las diapositivas en un email a los organizadores con antelación y ten una copia a mano en un lápiz de memoria por si surge algún problema. Llega a la sala una hora antes que los asistentes para preparar las diapositivas y comprobar que todo funcione correctamente.

El consejo más importante para las diapositivas es este:

Debes estar siempre preparado para hacer la presentación sin diapositivas. Por mucho que te esfuerces en evitarlo, el equipo audiovisual puede fallar, tu ordenador puede desconectarse o puede que nadie sepa la contraseña del ordenador que hay sobre el atril. Cuando esto suceda (y ten por seguro que algún día sucederá), no sigas el ejemplo de un orador que escuché hace algunos años. Participaba en un evento para contratistas del gobierno en Arlington, Virginia. Lamentablemente, uno de los oradores no había conseguido conectar su portátil al proyector y se dedicó a describir todas sus diapositivas a los oyentes, incluyendo los chistes. En lugar de hablar solo diez minutos se pasó más de cuarenta y cinco, pero antes de que pasaran los dos primeros ya había perdido a sus oyentes.

Puedes sacar mucho provecho de las diapositivas, pero recuerda que tendrás que dedicarles tiempo y creatividad, y centrarte en la experiencia de tus oyentes. La esencia de los discursos o presentaciones es conectar con tus oyentes y motivarlos a pasar a la acción. Considera la tecnología como una forma de realzar esta conexión.

Repasa tu próximo discurso o presentación, y determina qué elementos de ayuda pueden ser más eficaces. Si siempre usas diapositivas, pregúntate si son necesarias y si harán que tu presentación sea más impactante. Dedica una generosa cantidad de tiempo a la preparación de tus ayudas y practica con ellas antes del discurso.

ENTREVISTA CON SIDD CHOPRA

Para echar un vistazo al futuro de la comunicación entrevisté a mi amigo y colega Sidd Chopra. Sidd es empresario, desarrollador de sistemas, escritor y laureado orador. Su organización LookWiser.com inventa constantemente nuevos recursos para hablar en público. De hecho, lo conocí en unas conferencias de la *National Speakers Association* donde estaba probando un nuevo dispositivo que permite a los oradores controlar sus diapositivas y múltiples teleprónteres de forma inalámbrica con un solo mando. Puesto que Sidd está muy interesado en la intersección entre tecnología y presentaciones, hablé con él sobre el futuro de esta intersección.

Dijo: «Tenemos dos objetivos distintos y, a menudo, opuestos: En primer lugar, necesitamos conectar con las personas a un nivel humano. En segundo lugar, hemos de trabajar de forma más rápida y barata, y en lugares más lejanos que nunca. Las videoconferencias son eficaces, pero no suplen la necesidad de comunicarnos en persona. Una sonrisa o la calidez de un apretón de manos no pueden reproducirse fácilmente en un entorno remoto. Si no tenemos cuidado, la comunicación puede crear un *relato falso sobre alguien.* Si el orador no usa como es debido los medios digitales, puede parecer frío o distante. O puede parecer brusco o sarcástico cuando intenta ser amable o divertido».

Dicho esto, Sidd se puso a hablar de ciertos recursos técnicos que podemos usar en el futuro. «Creo que vamos a usar la realidad aumentada para las notas del orador y realidad virtual para ofrecer distintas experiencias a los oyentes. Lo que es realmente apasionante es el posible uso de hologramas. Las escuelas de medicina están experimentando con cuerpos digitales para las prácticas de los estudiantes antes de que estos trabajen con cuerpos reales. ¡Imagina una presentación sobre el cáncer en la que el orador usa un holograma tridimensional para mostrar a los oyentes un cuerpo real! Podrías mover el holograma con la mano, tomar un pulmón y mostrar a tus oyentes dónde está el cáncer».

Hablamos también del potencial real del uso de hologramas para los oradores. La famosa «actuación holográfica más larga de todos los tiempos» con la que Tony Robbins impartió un discurso en Melbourne (Australia) desde Miami (Florida) es muy famosa[9]. ⊕ A los oradores profesionales que se pasan media vida en los aviones esto les aporta varios beneficios aunque, en este momento, los costes de esta tecnología son bastante elevados. Sidd habló también de avatares robóticos ocupando el lugar de personas en conferencias.

En una futura edición de este libro hablaremos de nuevas aplicaciones tecnológicas para los discursos. Debes saber, mientras tanto, que hay algunas novedades apasionantes en camino que pueden ayudarte a conectar con tus oyentes de formas nuevas. Pero acuérdate de priorizar la conexión humana.

EL USO DEL MICRÓFONO

¿Cómo usas un micrófono cuando haces una presentación? ¿*Tienes* que usar un micrófono? Demasiado a menudo veo personas que salen a dar una conferencia y gritan: «Todos me oyen, ¿verdad?». Y, puesto que nadie se atreve a decir «no», el conferenciante procede a impartir su charla vociferando. O toman el micrófono y lo mantienen a la altura del ombligo, donde no puede recoger sonido alguno. Si tus oyentes no te oyen bien, no vas a poder inspirarles para que pasen a la acción.

He usado micrófonos tanto para hablar como para cantar y sé que son dispositivos muy importantes para llenar la sala o auditorio con tu mensaje y hacerte oír. Ahí van algunos consejos para hacerlo eficazmente:

- *Muéstrate siempre dispuesto a usar un micrófono.* Entre tus oyentes siempre habrá distintos niveles de capacidad auditiva y de fluidez idiomática, sea cual sea el idioma que hables; facilita que tu audiencia pueda oírte bien. Es más saludable para tu voz (y más agradable para los oídos de tus oyentes) si no tienes que gritar. Si quieres aportar algún comentario durante una conferencia, ponte de pie y usa un micrófono si es posible. Si hay un encargado de llevar el micro a quienes tienen preguntas o comentarios, espera hasta que llegue para dártelo; esto garantiza que todos te oirán y, por ello, aumentará tu credibilidad y autoridad.

- *Decide con antelación si vas a necesitar un micrófono.* Es aconsejable utilizar un micro si vas a tener un público de más de veinte personas o si tu discurso se va a grabar. Si, por cualquier razón, quieres que se grabe en vídeo, utiliza un micrófono para que el audio sea de buena calidad.

- **Decide qué tipo de micrófono vas a utilizar.** En una conferencia, casi siempre se puede elegir entre un micrófono de mano y uno de manos libres. Yo elijo un micrófono de manos libres, como uno de solapa o de diadema, a fin de que no interrumpa mis gestos naturales con las manos. Evita usar el micrófono que esté conectado al atril, porque te impide caminar para atraer la atención de la audiencia. Si tienes que usar el micrófono del atril, ajusta la altura del micrófono con antelación; también puedes mover el micrófono a un costado del atril y ponerte de pie a un lado para que sea más fácil que te vea la gente.

- **Haz una prueba de sonido para comprobar con anticipación el estado de las baterías y el volumen.** Puede que no haya un técnico de sonido disponible para ayudarte; comprueba siempre el nivel de la batería y el volumen antes de subir al escenario. Puedes decir algo como «Probando, probando» o «Uno, dos», en vez de «A ver, ¿funciona esta cosa?».

- **Decide dónde vas a ponerte el micro de solapa.** Si llevas un traje, puedes fijarlo en la solapa de la chaqueta, cerca de la parte superior de la camisa, o en la corbata, a unos veinte centímetros del rostro (la distancia depende de la sensibilidad del micro). Sujeta el transmisor en la trabilla del cinturón, por la parte de atrás. En el caso de las mujeres, si tu vestido no tiene trabilla, podrías sujetar el receptor en la parte superior trasera del vestido; es un poco incómodo, pero te acostumbrarás. Lo pongas

donde lo pongas, cerciórate de que el micrófono no
esté cubierto por el cabello, el vestido o cualquier
otra cosa que afecte la calidad de sonido. Y si sabes
que vas a usar un micrófono de este tipo, ponte
ropa que facilite su sujeción. Nota: Sujeta el micro
antes de encenderlo y cuando hayas terminado,
apágalo *antes* de quitártelo.

- **Tose fuera del radio del micrófono.** Es algo
  que pasa: a veces hemos de toser o estornudar en
  el escenario. Acuérdate de *alejar el rostro* del micro
  o toda la sala resonará con el estallido ampliado
  de tu estornudo.

- **Aprende a usar un micrófono de mano.** Pregúntale al técnico de sonido si es un micrófono
  omnidireccional (recoge el sonido de todas direc-
  ciones) o direccional (solo capta el sonido en una
  dirección) para saber cómo sujetarlo. Como regla
  general, mantén el micrófono a entre cinco y ocho
  centímetros de tu rostro, justo debajo de la boca,
  en un ángulo de cuarenta y cinco grados. Cuando
  muevas la cabeza, mueve también la mano para
  que el micrófono se mantenga a la misma distancia de tu boca. Usa la mano libre para gesticular
  con ella.

- **Habla con voz alta y clara.** No intentes gritar
  ni asumas que te van a oír si susurras. El micrófono se limita a amplificar la voz; asegúrate de que
  está amplificando una voz firme y confiada.

- **Si el micrófono deja de funcionar, no te pongas nervioso.** Alguna vez surgirá un problema
  con el sonido. Relájate y no te agobies: *haz una
  pausa y respira.* Puedes tomar otro micrófono disponible, hablar sin micro o, si es apropiado, hacer

una pausa de cinco minutos para resolver el problema. Cuanto más relajado estés tú, más lo estarán tus oyentes.

- **¡Da por sentado que el micrófono está siempre encendido!** A veces el técnico de sonido te dirá que ha apagado el micrófono, pero si lo llevas sujeto a la solapa, corbata u otro lugar, siempre da por sentado que los demás están oyendo lo que dices. Actúa en consecuencia.

En lugar de sentirte intimidado por este dispositivo, míralo como una oportunidad de ampliar tu mensaje. Recuerda *por qué* es importante el tema de tu discurso y usa esta energía y entusiasmo para alimentar tu pasión cuando hablas. El micrófono está ahí para facilitarte el trabajo.

CAPÍTULO 10

Prepárate para lo inesperado

Cómo hablar de forma improvisada y contestar preguntas

ACEPTA LAS OPORTUNIDADES INESPERADAS PARA HABLAR

Ya sé lo que estás pensando. *Me siento cómoda al dar un discurso cuando tengo tiempo para prepararlo. Sin embargo, muchas veces tengo que hablar de forma improvisada en una reunión.* Es evidente que improvisar lo que decimos conlleva habilidades distintas que expresar algo que hemos podido preparar. Sea cual sea nuestro trabajo o sector, todos tenemos que improvisar cada día. Consideremos la diferencia entre ambas formas de hablar.

Un discurso o presentación preparado es un compromiso que tú has asumido de antemano: aceptas una invitación (¡o no tienes elección!), se te pone en un programa, y dedicas un tiempo a preparar lo que tienes que decir.

Una presentación o discurso improvisado es aquel en el que se te avisa con poca o ninguna antelación. Durante una reunión, tu jefe te pregunta delante de tus colegas: «Entonces, ¿cuál es tu recomendación?». Estás atendiendo una llamada telefónica y tu cliente te hace preguntas que no esperabas. Estás en un mitin o manifestación, y te sientes tan seguro de que debes decir algo que tomas el micro y comienzas a hablar con el corazón mientras las cámaras registran tu intervención.

¿Por qué son tan importantes estas participaciones improvisadas? En muchas organizaciones, tus jefes valorarán tu disposición al liderazgo basándose en parte en tus intervenciones durante una reunión. Si no dices lo que piensas, muchas personas asumirán que no tienes nada que decir. Yo sé que esta suposición es falsa y, si eres una de aquellas personas introvertidas que prefieren no hablar en una reunión, tendrás que luchar contra estas suposiciones.

Cuanto más peso tienes en una organización, más tiempo inviertes comunicando sus mensajes y más guían tus palabras las acciones de los demás. Cada vez que hablas, aunque no te hayas preparado para ello, lo que dices tiene un increíble peso y poder.

Recuerdo una de mis presentaciones improvisadas más dolorosas. Era una joven funcionaria del consulado de Israel, asistiendo a una reunión oficial en lugar de un diplomático que no podía ir. Llegué temprano, dispuesta a escuchar y a tomar notas. Sin embargo, al comenzar la reunión, el presentador se volvió a mí y dijo: «Allison, estamos muy contentos de que el consulado de Israel esté representado en esta reunión y nos encantaría que dieras comienzo al programa con algunos comentarios, en especial sobre lo que ha sucedido esta mañana en Israel».

¡Huy! ¿Qué? ¿Adivinas quién no había leído las noticias aquel día? Así que hice lo que cualquier político habría hecho y me fui por la tangente. Dije: «Lo que ha sucedido esta mañana en Israel solo refuerza las últimas declaraciones del Ministro de Asuntos Exteriores». Todavía me sonrojo cuando recuerdo esa experiencia. Esta anécdota enfatiza la importancia de la preparación antes de cada reunión.

¿Por qué es tan difícil hablar de forma improvisada? Una de las causas más importantes del nerviosismo que suele acompañar a la actividad de hablar en público es no tener suficiente tiempo para prepararse. Hablar de forma improvisada es, por definición, hacerlo sin ninguna preparación. Como es natural, ¡estarás nervioso! Por otra parte, las personas no suelen tener un marco de referencia para improvisar y, para bien o para mal, se limitan a decir lo que se les pasa por la cabeza. La buena noticia es que existen marcos de referencia para hablar de forma improvisada y tú puedes prepararte estando en tales situaciones. Te enseñaré a hacerlo: esta clase de práctica te ayudará cada día.

Cómo abordar la improvisación

Prepárate. Una ejecutiva con la que trabajé tenía un temor mortal a hablar en público al comenzar su carrera. Tomó la decisión de superarlo poco a poco. Uno de los pasos que dio fue asistir a cada reunión preparada con una o dos ideas que presentar. Cuando expresaba su opinión en las reuniones, sonaba sensata, elocuente e, irónicamente, espontánea.

Como puedes ver por la embarazosa anécdota que acabo de contar, podemos prepararnos para este tipo de situaciones. Si vas a asistir a una reunión o conferencia, pregúntate: «¿Cuál es mi objetivo para esta reunión, y qué me gustaría decir? ¿Quién va a estar presente, y qué cuestiones pueden surgir?». Anota algunas ideas y practícalas en voz alta. Comenta estas ideas con algún colega que conozca el contexto. Y si tu trabajo tiene que ver, de algún modo, con la actualidad, ¡lee las noticias, por favor!

Una ejecutiva que conozco suele hacer «llamadas en frío» en medio de las reuniones de liderazgo. Si se le hace una pregunta para la que no tiene respuesta, desde el escenario y delante de doscientas personas, señala a alguno de sus oyentes y confiadamente le pregunta: «¿Quieres decir algo al respecto? Sé que tú has estado trabajando en este asunto». Cuando mi equipo y yo trabajamos con su equipo directivo sobre hablar de forma improvisada, siempre les preguntamos: «¿Sobre qué deberías prepararte cuando tu jefe te haga una pregunta en la próxima reunión de liderazgo?».

Practica. Practicar la improvisación es una de las partes más entretenidas de nuestros talleres. Hacemos ejercicios para ayudar a las personas a pensar y a reírse mientras están en el escenario. Les hacemos preguntas delante de sus oyentes y tienen que responder en menos de un minuto. Les damos fotografías al azar y les pedimos que impartan un discurso persuasivo inspirado en la foto que se les ha asignado. ¿Quieres practicar la improvisación? Ponte de acuerdo con un colega y haz que te acribille a preguntas y que comente tus respuestas.

Toma notas en el momento. Cuando voy a unas conferencias me gusta hacer una pregunta en casi cada sesión. Es una forma de aprender y ampliar mi red de contactos. Cuando me siento para escuchar un panel de discusión, comienzo a pensar en una pregunta si no la llevo ya preparada. Escribo algunas notas y, cuando el moderador abre el tiempo de preguntas de los oyentes, levanto la mano. Me siento confiada porque tengo delante de mí la pregunta por escrito.

La fórmula PREP

Mi estructura preferida para hablar en público es una que aprendí en Toastmasters Internacional y, desde entonces, siempre la he usado. Es fácil de aprender y de usar en casi cualquier entorno profesional o personal, y ofrece una rápida estructura para ir al grano y no irse por las ramas. Se llama PREP, unas siglas que significan: Punto, Razón, Ejemplo y Punto.

Punto: Declara un punto importante. *Creo que…*

Razón: Da una explicación de lo que crees. *Y la razón por la que creo esto es…*

Ejemplo: Cuenta una historia o anécdota que ilustre lo que quieres decir. *Por ejemplo, la semana pasada…*

Punto: Concluye afirmando de nuevo el punto que quieres enfatizar. Y es por eso que creo…

Consideremos un ejemplo de PREP en respuesta a la pregunta *¿Cómo te sientes viviendo en una gran ciudad?*

Punto: Me encanta vivir en una ciudad grande.

Razón: Y la razón es que se puede ir andando a cualquier lugar sin depender del vehículo.

Ejemplo: Por ejemplo, la semana pasada vendí mi automóvil porque mi nueva oficina está a treinta minutos andando desde mi apartamento. Respiro aire fresco cada día.

Punto: Y por ello me encanta vivir en una ciudad grande.

Fácil, ¿verdad? Puedes usar esta estructura para cualquier tema, desde hablar de tu color preferido hasta opinar sobre las negociaciones comerciales multilaterales.

Frases transicionales

Puedes también usar una frase transicional para darte un poco de tiempo para pensar la respuesta. Hay distintos tipos de frases transicionales:

Resumen: Gracias, con mucho gusto daré mi opinión sobre vivir en una ciudad grande.

Alabanza: Sí, has planteado un asunto importante.

Redirección: De hecho, me gustaría decirles por qué detesto vivir en una ciudad grande.

Puente: No estamos aquí para hablar de las ciudades, sino sobre la división entre zonas urbanas y barrios residenciales que hay en nuestro país.

Estas frases transicionales te ayudan a pasar de la pregunta a la respuesta. Te dan tiempo para pensar y preparan a tus oyentes para tu respuesta. Cuando más adelante hablemos del manejo de preguntas, volveremos a estas frases transicionales.

Puedes usar la estructura PREP sin limitarte estrictamente a la palabra «creo», aunque ciertamente te permite no desviarte de la cuestión. Algunos de nuestros clientes trabajan en entornos en los que la gente frunce el ceño cuando oye la palabra «creo», de manera que cambian el lenguaje y dicen «pensamos que» o, simplemente, afirman lo que quieren decir sin ningún preámbulo.

Notarás que la estructura PREP funciona bien para asuntos que tienen que ver con creencias y opiniones, pero no para preguntas como «¿Qué sucedió en la reunión de la semana pasada?». Para todos los tipos de preguntas que la estructura PREP no puede responder, hay algunos puntos que deben tenerse en cuenta.

Desarrolla un temporizador interno. Cuando hables de forma improvisada, presta atención al tiempo que transcurre. Cuando no nos hemos preparado, tendemos a divagar, ya que pensamos constantemente en una forma mejor de decir lo que ya hemos dicho. Desarrolla un temporizador interno que te ayude a concluir antes de excederte demasiado en el tiempo. Si tienes la sensación de haber estado divagando, di algo como «Y por ello creo que» para reformular la idea principal y concluir rápidamente.

Concéntrate en un mensaje clave. Cuando improvisas no tienes tiempo de enumerar (o recordar) múltiples ideas. Escoge un mensaje clave y después aclárelo con un ejemplo. Puedes también añadir un contrapunto para mostrar los múltiples aspectos de un asunto, pero céntrate en un mensaje principal.

Presenta unas cuantas anécdotas o citas a manera «de referencia». Cuando hablamos de forma espontánea, puede ser útil tener a mano algunas anécdotas o citas que podamos usar fácilmente para inspirar a nuestros oyentes. Deberían ser pertinentes a lo que estás intentando decir y pueden ser de ayuda para llenar el tiempo. ¿Cuáles son tus mejores anécdotas? Si eres presidente ejecutivo de una empresa, quizá puedas decir algo sobre sus comienzos. Si diriges una entidad sin ánimo de lucro, puede ser la historia de alguien a quien la organización haya ayudado.

He aquí algunos consejos que puedes tener en mente cuando hables de forma espontánea:

Mantén el contacto visual. Cuando hemos de pensar estando de pie, nuestra tendencia es mirar hacia arriba y a lo lejos o bajar la vista mientras buscamos las palabras para expresarnos. No hay nada malo en mirar a otro lado mientras piensas, pero no lo hagas cuando hablas. El contacto visual desarrolla una conexión con los oyentes y transmite confianza y determinación. Es tan importante cuando hablamos de forma espontánea como cuando damos un discurso que hemos preparado.

Ten cuidado con las muletillas. Cuando hables de forma espontánea tenderás a utilizar más muletillas porque tu mente estará pensando en lo siguiente que vas a decir. Recuerda hacer pausas y respirar en lugar de recurrir a las muletillas; esto te hará parecer más reflexivo.

Ten cuidado con el lenguaje corporal. El nerviosismo añadido que experimentamos cuando improvisamos una respuesta normalmente se expresa también en nuestro lenguaje corporal: hacer gestos repetitivos con las manos, juguetear con joyas o ropa, o balancear el cuerpo hacia adelante y atrás. Usa las técnicas de respiración que aprendimos en el capítulo 7 para calmar tu nerviosismo y mantenerte erguido.

¡Sonríe! Cuando estamos nerviosos tendemos a ocultar nuestra sonrisa mientras nos concentramos en escoger las palabras. Siempre que sea apropiado a la conversación, no reprimas la sonrisa mientras hablas. Como hemos dicho en el capítulo 6, sonreír te da un aspecto más confiado y hace que te sientas mejor.

Cómo interrumpir a alguien

Esta es una pregunta que he de responder a menudo. Los clientes suelen decirme: «¡Si tengo que esperar a que alguien me pregunte, nunca tendré la oportunidad de hablar!». Saber *cuándo* hablar es tan importante como saber *cómo* hacerlo.

Imagínate esta situación: Te encuentras en una reunión con una clienta y algunos de tus colegas. La clienta pregunta algo y uno de tus compañeros comienza a responder, pero tú te das cuenta de que no ha entendido bien la pregunta. Observas que la cliente frunce ligeramente los labios y el ceño cuando se da cuenta de que no está dándole la información que necesita. Tu colega está abstraído y sigue hablando. Exclamas para tus adentros: «¿Estás hablando en serio?», e intentas reunir el valor para interrumpirlo. En una semana, dos de mis clientes describieron exactamente la misma situación (¡y no estaban en la misma reunión!).

En ciertas culturas, si no interrumpes, no tienes la oportunidad de hablar; en otras, hacerlo puede interpretarse como una grosería (especialmente si la persona a la que interrumpes es más veterana que tú). Estas son algunas formas de interrumpir a alguien de forma diplomática; úsalas según el contexto.

Espera a que la persona que habla tome aliento. En algún momento tendrá que respirar, ¿no? Pues, cuando respire, toma tú la palabra. Una muletilla estratégica como «realmente» o «de hecho» puede ayudarte a entrar rápidamente en la conversación.

Desarrolla o reconduce. Complementa lo que estaba diciendo el anterior interlocutor o cambia a una dirección distinta, algo como: «Me alegro de que Mario haya mencionado esto» o «Permíteme complementar lo que ha dicho Mario y volver a la pregunta inicial».

Sé conciso. Di lo que tengas que decir de forma breve y sucinta; de otro modo acabarás cometiendo el mismo error que Esteban. Y acuérdate de hablar con una actitud calmada y confiada. No dejes mal a Esteban (aunque interiormente puedas sentirte molesto con él) y no quedes mal tú dudando de lo que tienes que decir.

Aplicar este libro a situaciones imprevistas

Todo lo que has aprendido hasta ahora en este libro te ayudará en aquellas situaciones imprevistas que te obligan a hablar. Reconoce que hablar en estas situaciones requiere nuevas capacidades y practica usándolas cada día. Esto te dará mayor confianza en ti mismo y una influencia más positiva sobre los demás. Incluso hablar de forma improvisada es una oportunidad de hacerlo con impacto.

Práctica de improvisación. Busca a un colega con quien practicar tus capacidades de improvisación. Háganse preguntas el uno al otro, tanto divertidas como de trabajo, e intenten que sus respuestas no duren más de un minuto, utilizando la fórmula PREP cuando corresponda. Comenten las respuestas del otro. Y, antes de cada reunión o conferencia, prepárate con algunas ideas que puedas expresar.

RESPONDE A LAS PREGUNTAS DE LOS OYENTES

Acabas de dar un buen discurso o presentación. Hablaste con pasión y elocuencia, y has inspirado a tus oyentes. Concluiste con un potente llamado a la acción. Entonces, de repente, te das cuenta de que hay una sesión de preguntas que habías olvidado completamente. Así que miras a tus oyentes y balbuceas: *Ah, entonces, no tienen ninguna pregunta, ¿verdad?*

Contestar preguntas frente a una audiencia de cualquier tamaño (desde un solo cliente a un abarrotado auditorio) puede ser una experiencia enervante. A veces es más fácil limitarse a dar el discurso o presentación y marcharse a casa. En esencia, quiero decir dos cosas sobre responder preguntas.

1. No tiene que ser necesariamente una experiencia dolorosa.

2. No tienes elección.

Tu disposición a responder preguntas refleja una actitud abierta y confiada sobre un asunto y tu relación con los oyentes. En una reunión, si te limitas a presentar tu oferta y a marcharte, pierdes la oportunidad de comprender verdaderamente a tu cliente.

Imagínate que eres el dirigente de una organización y que tienes que dar un mensaje difícil. Hay que hacer algunos dolorosos recortes presupuestarios el año próximo. Algunos de tus oyentes van a perder proyectos y otros tendrán que despedir a algunos de sus subordinados directos. Tus oyentes tienen dudas y están ansiosos.

¿Qué es mejor?

Primera opción: Das el discurso, explicas el asunto y después te subes a tu avión privado y te marchas.

Segunda opción: Das el discurso, explicas el asunto y después dices: «Voy a quedarme aquí para responder a sus preguntas. No me iré hasta que haya contestado todas sus dudas. Somos un equipo y vamos a salir juntos de esta situación». Esta es la clase de dirigente que yo quiero ser.

Puede que tengas que responder a preguntas de clientes o colegas, del consejo de directores o de periodistas, tanto defensores como detractores de tu gestión. Sea cual sea tu industria, sector o país, las personas esperan cada vez más respuestas de ti a medida que adquieres experiencia.

Preparación para las preguntas

Puedes hacer muchas cosas para prepararte para responder preguntas. Cuanto más te prepares, más confiado te sentirás.

Investiga sobre tus oyentes. Encuentra toda la información que puedas sobre tus oyentes. Pregúntale a la persona que te invitó y habla con algún colega o amigo que conozca el sector o la empresa. Pregúntate cómo se sienten sobre el tema que vas a desarrollar; ¿se entusiasmarán por tu mensaje o lo rechazarán?

Investiga el campo del tema que vas a desarrollar. Conoce los últimos avances de tu campo. ¿Han publicado algo últimamente los medios de comunicación? ¿Hay alguna controversia sobre la que probablemente tus oyentes van a preguntarte? Habla con tus colegas y pregúntales qué asuntos se han suscitado en sus charlas. Averigua si tu empresa tiene directrices o pautas de debate sobre cómo gestionar ciertas cuestiones. Si tú eres el jefe, entiende que tus respuestas *se convertirán* posiblemente en las pautas que más adelante seguirán otras personas.

Investiga el contexto. ¿Estás participando en un debate en el que alguien va a refutar tus puntos principales? ¿Tienes que estar preparado para el rechazo de alguien que va a estar en el panel o entre tus oyentes? ¿Eres una de las cinco empresas que presentan una oferta a los mismos oyentes?

Identifica tus mensajes principales. Repasa los mensajes clave de tu discurso o presentación para poder reforzarlos más adelante en la sesión de preguntas, especialmente si tienes que volver a ellos.

Prevé las preguntas que te harán. Puedes prever al menos el 50 % de las preguntas que se te harán en cualquier contexto. Si conoces el tema, el público y la razón por la que te han invitado a hablar, sabrás qué tipos de preguntas te harán. Practica la respuesta a estas preguntas haciendo referencia a los puntos más importantes que has desarrollado. No te limites solo a las preguntas fáciles; plantéate qué preguntas preferirías que no te hicieran y practícalas.

Representa la situación con un colega. Pídele a un colega que te haga las preguntas y que después te comente cómo las has respondido. Comenten las respuestas a las preguntas difíciles para asegurarte de que estás transmitiendo el mensaje adecuado. Algunas veces, al practicar la respuesta de una determinada pregunta, me he dado cuenta de que *¡jamás querría decir algo así!*

Aborda potenciales preguntas en tu discurso o presentación. Si te estás dirigiendo a un público que puede rechazar tu punto de vista, desarrolla algunos de tus argumentos en el propio discurso. Esto no eliminará todas sus preguntas, pero al menos mostrará una perspectiva equilibrada en tu discurso.

Técnicas de selección de preguntas

Cada vez que hablas frente a un grupo de personas tienes la oportunidad de desarrollar tu confianza en ti mismo. La forma en la que respondes a sus preguntas juega un papel esencial en el proceso de ganarte la confianza de tu público. ¿Pareces estar a la defensiva o abierto a relacionarte activamente? A mis clientes que dan charlas de ventas les recomiendo que hagan o recojan preguntas *antes* de la charla, para que esta se dirija a las necesidades reales de sus potenciales clientes. El diálogo desarrolla más confianza que una presentación unidireccional.

Si la sesión de preguntas está programada para después de tu discurso, al concluir tu charla pide confiadamente a los oyentes que hagan sus preguntas. Practica alguna expresión que te parezca natural, como:

Y ahora, me encantaría contestar sus preguntas.

Estoy seguro de que tienen preguntas para mí. ¿Me las quieren hacer ahora?

Voy a detenerme aquí. ¿Qué preguntas tienen?

Cuando tu público sea numeroso, pídele a la persona que pregunta que se ponga de pie y se identifique. Cuando alguien se pone de pie, es más fácil que todos los asistentes oigan la pregunta. Y, si saben a qué organización pertenece, es más fácil entender sus objetivos e intereses.

Escucha toda la pregunta y toma notas si es necesario. Puedes sentirte tentado a asentir mientras escuchas la pregunta y, si estás de acuerdo con lo que dice, no hay problema. Pero si no estás de acuerdo, deberías entender que (en un contexto estadounidense), al asentir con la cabeza estás expresando tu acuerdo.

Haz una pausa breve antes de responder. No sientas que debes apresurarte a dar una respuesta. Usa una frase transicional como las que hemos sugerido antes mientras piensas qué decir.

Repite la pregunta en voz alta, reformulándola si es necesario. Muchas veces los oyentes no oyen bien la pregunta. Esto te da tiempo a pensar y, si es una pregunta complicada u hostil, puedes reformularla de forma más sencilla y neutral.

Finalmente, responde a la pregunta con concisión y confianza.

Preguntas hostiles

Las preguntas hostiles son aquellas que nos producen ansiedad la noche antes de un discurso o entrevista. Preguntas como:

¿Por qué no se tomaron medidas antes?

¿No sabías qué consecuencias tendría esta decisión?

¿Y ahora qué le digo a mi familia?

En estas situaciones es importante mantener la calma, aunque la persona que pregunte esté airada. Lo que buscamos es un equilibrio entre profesionalidad y empatía. Sé que es más fácil formular el principio que conseguir aplicarlo, pero es algo crucial.

Intenta reformular la pregunta de un modo neutral que muestre las dos caras del asunto. Digamos que trabajas para una gran universidad y te estás dirigiendo a un grupo de vecinos del pueblo para presentar los planes de un nuevo edificio. Hay una importante oposición de algunos miembros de la comunidad que piensan que estás invadiendo el barrio. Podrías reformular una pregunta hostil sobre la expansión de la universidad explicándolo así: «La cuestión es cómo alojamos a un creciente número de estudiantes al tiempo que respetamos a nuestros vecinos, que han vivido en este lugar durante muchas generaciones».

Cuando respondas, dirígete a todas las personas de la sala, no solo a quien ha formulado la pregunta. De este modo sigues desarrollando una relación con todos los oyentes y evitas crear un debate tenso. Cuando hayas terminado de responder, da paso a otra persona de otra zona de la sala. No caigas en la tentación de volver a quien hizo la pregunta hostil diciéndole «¿He contestado a tu pregunta?». Hacerlo es suscitar más debate.

Redirigir

Quienes se expresan en los medios de comunicación conocen el concepto de redirigir cuando, en respuesta a una pregunta, llevan el asunto a otro tema. Puede que te hayan hecho una pregunta que no puedes responder o que es irrelevante para el tema que estás desarrollando. La redirección es un recurso útil, pero ten cuidado. Si cada charla es una oportunidad para ganarte la confianza del público, redirigir en exceso puede dañar esta confianza. Estas son algunas frases útiles que pueden usarse con moderación:

Este no es el asunto que estamos tratando; lo que realmente nos interesa analizar hoy es...

Creo que estamos perdiendo de vista la cuestión, que es...

Lo que puedo decir es...

Una vez hayas usado alguna de estas frases, lleva la conversación a uno de tus puntos principales. Ten estas frases preparadas (y practícalas de antemano) para sentirte cómodo en el tiempo de preguntas.

¿Qué hacer si no conoces la respuesta a una pregunta?

En este contexto de preguntas y respuestas, una de las preocupaciones es que alguien nos haga una pregunta que no sabemos o queremos responder. La forma de manejar este tipo de preguntas depende en gran medida del contexto: ¿te encuentras en una reunión o en una entrevista de algún medio de comunicación? Por regla general, si no conoces la respuesta de algo, no te la inventes. Hacerlo destruirá tu credibilidad y puede ser incluso peligroso para tu organización.

En una presentación o reunión, es absolutamente legítimo decir: *Es una muy buena pregunta, pero ahora mismo yo no tengo esta información. Mañana te llamo y te la doy.* Practica esta frase para poder decirla con confianza y realismo, y será un importante recurso para contestar preguntas. Muchos de mis clientes que son dirigentes de nivel medio tienen miedo de decir que no saben algo, pero sus líderes me confiesan que lo dicen constantemente. Otra opción sería preguntarle a un colega presente en la reunión y que creas que tiene dicha información.

Durante una entrevista podrías decir algo como: *No estoy en posición de responder esta pregunta, pero lo que puedo decir es...*

Si tienes que responder rechazando lo que propone la pregunta, puedes decir algo así:

Voy a tener que refutar este argumento.

Permíteme presentar una perspectiva diferente.

Sorprendentemente, mi experiencia me ha demostrado precisamente lo contrario de lo que has dicho.

Si tienes que apaciguar a un oyente obstinado, puedes decirle algo así: *Con mucho gusto hablaré más contigo sobre esto en privado. Por favor, ven a verme después y hablamos.* Tu realismo y autenticidad al usar estas expresiones harán que reine la calma en la conversación en lugar de hacer que el conflicto vaya a más.

¿Qué hacer después de responder a las preguntas?

No termines nunca la sesión de preguntas y respuestas con la última pregunta. Si lo haces, tus oyentes se marcharán pensando en esta pregunta aleatoria e inconexa y habrán olvidado el mensaje principal de tu charla o presentación. Termina con una firme reiteración de tu mensaje principal, algo parecido a: *Gracias por todas sus preguntas. Antes de que se marchen, quiero dejarles una reflexión final.*

En una reunión, puedes terminar con un claro llamado a la acción.

Después de una sesión de preguntas y respuestas puedes sentirte tentado a marcharte rápidamente y esconderte para lamerte las heridas. No lo hagas: todavía te queda trabajo por hacer. Quédate por aquellos que tienen ganas de hablar contigo. Esto te hace parecer accesible y ayuda a los oyentes que tienen preguntas, pero que no quieren hacerlas ante un grupo numeroso. Si durante la sesión de preguntas te ofreces para algún tipo de seguimiento, dales tus tarjetas a los interesados y ponte a su disposición. Sigue construyendo una relación tras el discurso. Por último, recuerda rellenar el informe posterior al discurso del que hablamos en el capítulo 8.

Manejar las preguntas de un público de cualquier tamaño es una tarea complicada. Requiere más preparación y entraña más riesgos que el propio discurso, pero es crucial para tu reputación y credibilidad.

Preparación para la sesión de preguntas. Antes del discurso, haz tu investigación y confecciona una lista de posibles preguntas. Encuentra a un compañero con quien representar la sesión de preguntas y respuestas, y pídele que te comente tus respuestas. No te olvides de prever preguntas difíciles y practica formas de redirigir una cuestión o desactivar una pregunta hostil. Practica respuestas que no excedan un minuto.

CAPÍTULO 11

Habla en distintas situaciones

**Por teléfono, en mesas redondas
o en otros países**

CONFERENCIAS TELEFÓNICAS, CONFERENCIAS WEB Y VIDEOCONFERENCIAS

Los conocimientos que se imparten en este libro se aplican también a situaciones de comunicación virtual. Puesto que la tecnología evoluciona con sus correspondientes cambios en la conducta, visítanos en www.speakwithimpactbook.com para ver nuestras actualizaciones y comentarios, y mándanos tus experiencias. ⊕ Vamos a dar pautas para el contenido y la forma de hablar en cada una de las situaciones que siguen.

A mi colega Roger Courville, conferenciante, autor de *Virtual Presenter's Playbook* y director de contenidos de los webinarios en la empresa de servicios *EventBuilder*, le gusta recordar que los webinarios no pueden sustituir a las conversaciones personales; esta forma de comunicación es una mera opción en situaciones en las que no es necesario que el orador esté presente en persona[1]. Afirma lo siguiente: «Con cualquier cambio de medio hay tanto pérdidas como ganancias. Las ventajas de lo personal sobre lo virtual son una mayor intimidad e impacto; la desventaja es su menor alcance. No pienses que un medio es "mejor o peor" que el otro; es, simplemente, "diferente"».

Conferencias telefónicas (solo audio)

A pesar de los avances tecnológicos, las conferencias telefónicas no van a desaparecer a corto plazo. En esta sección hablaremos de las conferencias telefónicas, pero este material podría aplicarse igualmente a las llamadas telefónicas con un superior, un cliente o influente.

Contenido: Las conferencias telefónicas no suelen ser un buen medio para el tipo de discurso inspirador «¡Tú puedes!», aunque cualquier presentación es una oportunidad para influenciar a otras personas. Sin embargo, son un buen medio para presentar información y comprobar que ha habido una correcta comprensión. Prepara, pues, un claro bosquejo del contenido e inserta indicadores que mantengan la concentración de tus oyentes. Si la presentación dura más de diez minutos, haz una pausa cada cierto tiempo y dales a tus oyentes tiempo para hacer preguntas. Sé específico: *Quiero detenerme aquí para ver si tienen preguntas... vamos a esperar otros treinta segundos por si alguien tiene alguna pregunta... si no hay preguntas, vamos a seguir.* Las conferencias telefónicas pueden generar silencios embarazosos, pero si los aprovechas para orientar a tus oyentes, puedes hacer que esos silencios tengan más sentido.

Te recomiendo que tengas las notas frente a ti durante las conferencias telefónicas. Puedes incluso escribirlas palabra por palabra, siempre que las redactes en un registro auténtico y coloquial. Escríbete un recordatorio para ir haciendo preguntas y hablar a un ritmo sosegado. Cuanto más organizado seas, más lógica sonará tu presentación y más eficiente serás.

Forma: Muchas personas se sienten aliviadas porque en este tipo de conferencias no se les ve la cara, pero esto las hace más perezosas durante su presentación. De hecho, hay que estar incluso *más* concentrados cuando transmitimos un mensaje telefónicamente. Precisamente porque tu rostro no es visible y los oyentes *solo te oyen*, es crucial que prestes mucha atención a la voz y a la respiración. Tu energía y enunciación son claves para demostrar confianza y competencia.

Cada vez que te comunicas por teléfono, sea con una sola persona o con un grupo, debes recordar tres cosas:

1. Ponte de pie. Lo digo en serio. Levántate y ponte auriculares para poder usar las manos. Estar de pie y en movimiento aumenta tu energía y te facilita usar técnicas de respiración que hacen que tu voz sea más potente.

2. Sonríe. Sigo hablando en serio. Sonreír cambia la resonancia de la voz y la hace más cálida y segura. A tu interlocutor le pareces más sabio y confiado.

3. Habla más despacio. Puesto que la mayoría de nosotros nos sentimos incómodos dirigiéndonos a un público que no vemos, hablamos más rápido para acabar lo antes posible. Esto hace que a nuestros oyentes les sea más difícil seguirnos y, por ello, que la presentación sea menos eficiente.

Si un colega o amigo de tu entorno va también a escuchar la conferencia, pídele que se siente en la misma sala desde la que vas a hablar y, cuando lo haga, dirígete directamente a él. Hablarle a alguien que sonríe y asiente con la cabeza ayudará a que tus palabras suenen más naturales. Nota: Esto solo funciona si el oyente tiene una actitud alentadora, no si es alguien que crea una atmósfera negativa.

Conferencias web (audio y vídeo)

Los webinarios son otra forma de presentar información a oyentes de distintos lugares y grabarla para usarla en el futuro. Aunque algunas conferencias web son solo de voz, a menudo tus oyentes te ven a ti, pero tú no los ves a ellos. Esto lo hace aún más difícil, porque el orador debe mostrarse tan cercano como si estuviera hablando con un público en directo, pero sin el estímulo positivo de este tipo de actos en vivo.

Contenido: Mi consejo en cuanto al contenido es similar a lo que recomiendo para las conferencias telefónicas: organiza tu presentación de antemano y procura que sea fácil de seguir, prestando atención a las transiciones e indicadores. Puedes crear una presentación con diapositivas para acompañar tu vídeo, pero no vayas leyendo palabra por palabra lo que aparece en las imágenes. Recuerda que tienes una oportunidad de crear una relación con tus oyentes y conviene usar un lenguaje natural y que conecte con tus oyentes.

Forma: Cuando tu conferencia se graba o transmite en vídeo, tus oyentes te ven y te oyen. Prepara por adelantado el entorno físico para que sea un lugar bien iluminado con un trasfondo que no distraiga a tus oyentes. Si trabajas en un espacio de oficinas abiertas donde hay mucho ruido, encuentra una habitación silenciosa. Si estás en casa, asegúrate de que la pared que está detrás de tu computadora tenga un aspecto profesional. Si vas a estar sentado, vístete de un modo profesional de la cintura para arriba (sí, ¡puedes llevar pantalón de pijama!). Siéntate erguido en la silla para poder usar las técnicas de respiración que aprendiste en el capítulo 7.

¿Hacia dónde deberías mirar? Directo a la cámara de tu dispositivo, sea un ordenador, tableta, cámara, etc. Uno de los factores extraños de los webinarios es que uno tiene que parecer «natural» aunque está hablándole a un artefacto. ¡Y esto no tiene nada de natural! Por ello, para sentirme más cómoda hablándole a una cámara, practico los webinarios con antelación. Algunas personas que conozco cuelgan fotografías de su familia o mascotas junto a la cámara para ayudarles a relajarse.

Y recuerda, mientras dure el webinario, actúa como lo harías si estuvieras frente a una audiencia: cuando te levantas, te arreglas la ropa o te suenas la nariz, tus oyentes te están viendo.

Videoconferencias (audio y vídeo bidireccionales)

En el mercado empresarial hay soluciones como *TelePresence* de Cisco que permiten celebrar reuniones interactivas y muy cercanas a la realidad con personas que están en distintos sitios. Muchas empresas usan videoconferencias bidireccionales para algunas de sus conversaciones internas más importantes, desde evaluaciones de rendimiento a análisis de nuevas estrategias de alto nivel. Mientras llevaba un programa de comunicación de liderazgo para los empleados de una institución financiera, realicé noventa sesiones virtuales de coaching en cuatro meses utilizando *TelePresence* y aprendí mucho sobre su funcionamiento.

Contenido: Puede que simplemente vayas a asistir a una reunión de *TelePresence* o que te estés preparando para dar una presentación en una de tales reuniones, pero la preparación previa es crucial. Prepárate exactamente como lo harías si tuvieras que hablar en la oficina: hazte las tres preguntas, estructura tu presentación y vístete como si acudieras a una reunión en persona.

Forma: En estas videoconferencias tú ves a los asistentes y ellos te ven a ti. Por lo general, verás una serie de pantallas en las que apareces tú y los demás asistentes; cuando alguien hable, el *software* aumentará el tamaño de la pantalla para que puedas verlo mejor. En realidad, este *software* responde al sonido, ¡así que ten cuidado! Si estornudas, aparecerás sonándote en la gran pantalla. Lo mismo sucederá con tus conversaciones paralelas durante la conferencia. Pulsa el botón de silencio si tienes que hacer algún ruido discretamente. Acuérdate de sentarte erguido, respirar como has aprendido y hablar con voz fuerte. En las videoconferencias se aplican todos los elementos que hemos considerado sobre la forma de hablar. Y recuerda que, mientras dura el evento, todo lo que sucede se está retransmitiendo y es, por tanto, visible para los asistentes. Actúa como si estuvieras en el salón de reuniones.

Cuando nos dirigimos a una persona específica durante una videoconferencia, miramos instintivamente hacia el lugar en el que aparece su imagen en nuestra pantalla (al fondo a la izquierda, en frente a la derecha, etc.). Sin embargo, si queremos que esta persona nos vea mirándole directamente, hemos de mirar a la cámara. Esto puede parecernos poco natural, ¡y lo es! Pero con la práctica puedes sentirte cómodo mirando a la cámara, sabiendo que a tus oyentes les parecerá natural.

Puedes usar las videoconferencias tanto para presentaciones como para reuniones. Una vez di un taller para una firma de Nueva York con veinte personas en la sala donde estaba yo y cuatro grupos de empleados en otras cuatro ciudades de dos países conectados por vídeo. Durante las sesiones por temas, los empleados de cada ciudad realizaron ejercicios distintos. En esta situación, mi desafío era hablar con el grupo que tenía en la sala y conectar (y mantener contacto visual) con los oyentes remotos. Si llevas folletos para el grupo de la sala donde te encuentras físicamente, mándaselos también con antelación a los grupos remotos. Solicita también preguntas a los grupos conectados por vídeo para crear una experiencia compartida de todo el grupo.

¿Recuerdas el ejemplo que puse en el capítulo 6 sobre un taller para estudiantes que di en Nablus (territorios palestinos), donde una mujer habló de la importancia de sonreír? En aquella ocasión se nos unieron también ocho estudiantes por videoconferencia desde la Franja de Gaza. Tenía que procurar que aquel pequeño grupo se sintiera parte del evento pidiéndoles que hicieran preguntas, incluso que dieran un breve discurso improvisado en vídeo que pudiéramos ver todos los que estábamos en Nablus. Aunque no fue tan eficaz como tener a los estudiantes de Gaza físicamente en la sala, pudimos crear una atmósfera productiva de aprendizaje.

Puedes hablar con impacto en conferencias telefónicas, conferencias web y videoconferencias. Dedica tiempo a practicar para sentirte cómodo con este medio y podrás sacar el máximo provecho a estas oportunidades.

HABLA EN PANELES O MODÉRALOS

Fuera de la oficina, una de las oportunidades más comunes para hablar públicamente en el ámbito profesional será hacerlo en algún panel. Esta es una forma distinta de hablar en público por diferentes razones. En primer lugar, no estamos solos. ¡A menudo este hecho basta para calmar en gran medida el nerviosismo que sentimos cuando nos preparamos para hablar! Aunque esto podría convertirse precisamente en un nuevo motivo de preocupación si algunos de los miembros del panel defienden posiciones contrarias a las nuestras. Hablaremos de esto un poco más adelante.

Cuando hablamos en un panel, hay alguien que dirige la conversación. En lugar de dar un discurso largo y preparado, respondemos a las preguntas del moderador, interactuando con los otros panelistas y contestando a preguntas de los oyentes. Puede ser un formato muy interactivo y dar pie a una conversación muy animada.

Es un poco más fácil prepararnos para un panel porque no necesitamos trabajar una presentación de treinta minutos. No obstante, *sí* que es necesaria una preparación: veremos cómo llevarla a cabo. Otros beneficios de los paneles son la visibilidad y credibilidad que nos aportan. Ser panelista te avala como experto o fuente creíble en un tema determinado. Imagínate que trabajas en una enorme corporación multinacional y que se te invita a hablar en uno de los paneles de sus conferencias anuales. Ahora te estás haciendo un nombre dentro de toda la compañía. Si se trata de una conferencia externa, casi siempre se lleva a cabo una promoción en línea y se comenta en las redes sociales con vídeos del evento incluidos, lo cual extenderá tu reputación por todo el mundo.

Cómo prepararnos para participar en un panel

La preparación para formar parte de un panel de debate es la misma que para un discurso o presentación. Comienza haciéndote las tres preguntas: *¿Quiénes son tus oyentes? ¿Cuál es tu objetivo?* y *¿Por qué tú?* Deberías, además, hacer una serie de preguntas al moderador como, por ejemplo:

- ¿Cuál es el tema del panel?

- ¿Quién más va a formar parte del panel?

- ¿Qué preguntas nos planteará?

- ¿Cuál es el formato del panel?

- ¿Cuál será la disposición física de la sala?

- ¿Debo preparar una declaración inicial?

Armado con esta información, ahora ya puedes preparar lo que vas a decir. ¿Cuáles son los tres mensajes que deseas cubrir? ¿Tienes algunas anécdotas o estadísticas sorprendentes que presentar? Teniendo en cuenta las preguntas que el moderador te ha enviado, ¿cómo puedes entretejer tus mensajes principales en tus respuestas? Piensa en tu objetivo a partir de las tres preguntas: ¿Qué quieres que hagan tus oyentes tras escucharte?

Piensa en lo que pueden decir los otros panelistas. ¿Discreparán algunos de lo que tú digas? No hay nada malo en mantener un debate sano en un panel; de hecho, lo hace más atractivo. Pero si alguien del panel muestra activamente su desacuerdo con tu punto de vista, es bueno estar bien preparado. Una de nuestras clientes, que había sido invitada a hablar en un panel sobre los derechos reproductivos de las mujeres, descubrió que iba a debatir con una personalidad religiosa que discrepaba vehementemente de sus métodos. Trabajamos juntas para preparar los puntos de la charla.

Cuando sea apropiado, contacta por adelantado con los panelistas, por teléfono o mensajería, para comenzar a desarrollar una relación de colegas con ellos. Esta calidez se expresará en el panel.

A veces el moderador te pedirá que prepares una breve introducción, quizá sobre tu trasfondo o experiencia profesional. Esto es un mini discurso y puedes prepararlo igual que lo harías con cualquier otro.

Una vez que hayas preparado el material, busca a un compañero de prácticas y pídele que te haga preguntas. Antes de participar en un panel, nuestros clientes suelen venir con una lista de preguntas que el moderador les ha enviado y nosotros les ayudamos a preparar las respuestas. Si el moderador no les ha enviado ninguna pregunta, nosotros les planteamos las preguntas más probables y después se las mandamos al moderador.

Recuerdo mi participación en un panel en Mauricio, un hermoso país isleño frente a la costa de Madagascar, en el sur de África. El tema era el liderazgo y nuestra moderadora nos había enviado previamente algunas preguntas detalladas. Yo me preparé utilizando los métodos que acabamos de considerar y llegué al panel sintiéndome confiada y preparada. Hacia la mitad del panel, la moderadora comenzó a hacernos nuevas preguntas y mis respuestas empezaron a sonar un tanto erráticas. Más tarde, miré mi correo electrónico y vi que la noche anterior nos había enviado una nueva serie de preguntas. ¡Mira tus mensajes antes!

Es importante saber cuál será la disposición física de la sala para poder vestirnos de forma adecuada. En las conferencias, los panelistas suelen sentarse en sillones o en sillas altas. Esto significa que tienes que vestirte con ropa que te permita estar cómodo. Si van a llevar falda, las mujeres tienen que asegurarse de que esta sea lo suficientemente larga como para que puedan sentirse cómodas en el escenario. He visto a muchas mujeres sentarse incómodas en sillas altas, intentando sin mucho éxito bajarse la falda mientras respondían a las preguntas del moderador. Una ejecutiva que conozco siempre lleva pantalones en las conferencias precisamente por esta razón. También los hombres deberían prestar atención a su postura: he observado a muchos sentarse en un panel con las piernas completamente abiertas. Cuando alguien adopta esta postura, los demás tienden inconscientemente a imitarle.

Cómo hablar en un panel

Lo bueno y lo malo de los paneles es que uno puede sentarse. Es una postura más relajada, pero también es más fácil olvidarte de que eres el centro de atención. En el momento en el que subimos al escenario, estamos bajo los focos y hemos de ser conscientes de ello hasta que termina el panel. Recuerda que, aunque no estés hablando, sigues delante de un público. Una vez asistí a un debate «informal» en el que un periodista entrevistaba al expresidente de una universidad. El periodista se sentó erguido y se mostraba participativo y entusiasta. El expresidente, en cambio, se había dejado caer en la silla y miraba de forma insolente hacia el suelo. Mostraba una expresión brusca y molesta y, cuando hablaba, lo hacía con constantes muletillas. Tengo que reconocer que lo que decía era muy correcto y sus ideas resultaban esclarecedoras, pero me sentí ofendida por su comunicación no verbal.

Cuando hables en un panel, dirige tu respuesta a todos los oyentes. Mantén el contacto visual con ellos, igual que lo harías en un discurso o presentación. Responde brevemente para no monopolizar todo el debate. En los paneles me gusta limitar la duración de mis respuestas a uno o dos minutos. Si no tienes la respuesta a una determinada pregunta, puedes desviar el asunto a uno de tus mensajes principales.

Parte de alguna de las ideas expresadas por algún panelista para mostrar continuidad. Haz que se convierta en una conversación interactiva e interesante. Así que se debe llevar un cuaderno al panel para anotar ideas que van saliendo, para comentarlas después.

Tras el panel, pasa algún tiempo hablando con los asistentes que sin duda te abordarán. Esta es la forma más fácil de hacer contactos. Piensa en la clase de contactos que te gustaría establecer y ten preparadas las tarjetas de presentación. Hemos trabajado con clientes que querían atraer a personas con talento para contratarlas y que, después del panel, buscaban encontrar posibles empleados. Si tu proyecto o empresa necesita financiación, presta atención: puedes encontrar patrocinadores entre los oyentes.

Cuando eres el moderador

El papel del moderador es crucial en los paneles de discusión. Es un rol que goza de la visibilidad y credibilidad de las que antes hemos hablado, pero lleva aparejada mucha más responsabilidad. Si eres el responsable de escoger a los participantes, piensa en personas que puedan ofrecer perspectivas distintas sobre el asunto a tratar para no tener un grupo de personas que digan todas lo mismo. ¿Qué opiniones han de ser representadas sobre el asunto? Procura invitarles a participar con suficiente antelación.

Mira la lista de panelistas y determina tus objetivos para el debate. Hazte las tres preguntas. Elabora una lista de preguntas que quieres hacer a los panelistas y haz planes para implicar por igual a todos los participantes en el debate. Puedes hacer las mismas preguntas a todos los panelistas o crear una serie distinta para cada uno.

Como moderador es tu responsabilidad informar con antelación a todos los participantes, por correo electrónico o por teléfono. Cerciórate de que conocen los límites de tiempo. Pregúntales cómo se pronuncian sus nombres y practica con tiempo para poder decirlos con naturalidad durante la presentación. También deberías preparar tu introducción para presentar a los panelistas y el debate.

Uno de los principales desafíos que experimento al moderar un panel es cómo dirigir el debate sin dominarlo. Veo a muchos moderadores que luchan con esto porque quieren añadir su voz al debate y, al hacerlo, ocupan el tiempo de los panelistas o de los oyentes.

Moderadores, aquí es muy importante la humildad: no quieran ocupar un lugar que no les corresponde. Puedes preparar una breve introducción sobre tu experiencia con el tema del panel, pero después pasa a un segundo plano y prepárate para desempeñar el papel de entrevistador, no el de experto.

Otro desafío al que se enfrentan los moderadores es mostrar un nivel de energía adecuado. Cuando tú eres el moderador, tu energía marca el tono de todo el panel, así que es crucial que mantengas un buen nivel de entusiasmo. En una conferencia, la moderadora hablaba con una voz tan suave que los demás panelistas tenían que inclinarse para oír lo que decía. De forma inconsciente empezaron a imitar su voz. En un momento dado, alguien le entregó una nota mientras estaba en el escenario. La leyó y luego dijo: «Al parecer, se nos pide que hablemos más alto, así que me pregunto si todos pueden hablar [susurrando] *un poco más alto*». La ironía fue que después que ella susurró esa petición, todos hablaron aún más bajo.

Algo parecido sucedió en otra conferencia. Este panel se celebraba después del almuerzo y el tema que se iba a tratar era polémico, por lo cual era muy importante que mantuviéramos la atención de los asistentes. Observé que el moderador y algunos de los panelistas hablaban en un tono de voz bajo. Sabía que una de las participantes en el debate hablaba, por lo general, con energía y potencia pero, sin embargo, en aquel panel comenzó a expresarse en un tono más suave y reservado. Cuando me le acerqué después del panel para preguntarle al respecto, lo reconoció. «Moderé de manera consciente mi energía para estar a la altura del grupo y no sonar como una payasa», me explicó. Le dije que podría haber *levantado* la energía de todo el panel si hubiera hablado con su voz natural. Nuestro deseo de amoldarnos nos lleva a veces a imitar el estilo de otras personas, pero en este caso todos estaban haciendo decaer la energía de la sala.

Moderar un panel es como agilizar una reunión: uno tiene que escuchar bien a todos los panelistas y evaluar la situación. ¿Han hablado todos los participantes el mismo tiempo? ¿Se han centrado en el tema objeto del debate? ¿Queda tiempo todavía para preguntas de los oyentes? Tu capacidad para mantener el rumbo y presentar es muy importante.

Comienza dando la bienvenida al público. Preséntate tú y habla un poco de tu trasfondo, así como del objetivo del panel, y después presenta brevemente a cada uno de los panelistas. Hazlo de forma personal y genuina; no te limites a leer el currículum de cada uno. Si tienes preguntas sobre algún aspecto del currículum de los panelistas, aclárlo antes con ellos. Una vez que hayas presentado a los participantes, puedes preguntarles en el orden que prefieras. Intenta dirigir la misma cantidad de preguntas a cada panelista y concédeles el mismo tiempo para hablar, puesto que no todos tendrán la misma habilidad o libertad necesarias para interrumpir y hacer comentarios.

También recomiendo encarecidamente que reserves tiempo para las preguntas de los oyentes. Esto es lo que hace que el público se implique y asegura que se abordarán sus intereses. He estado en conferencias en las que, de forma deliberada, no se deja tiempo para las preguntas: son simplemente una serie de paneles de cuarenta y cinco minutos, uno tras otro. Aunque este modelo es útil para impartir información, creo que no tiene en cuenta a los oyentes y sus preguntas.

Una vez que decidas reservar un tiempo para preguntas, es tarea tuya asegurarte de que haya suficiente tiempo para ellas. Puede que, pensando en el interés general, tengas que interrumpir a un panelista que está ocupando demasiado tiempo, diciendo algo como: «Permíteme intervenir para asegurar que queda suficiente espacio para las preguntas de los oyentes». Si ves que el panel se alarga y tú habías planeado hacer algunas preguntas, renuncia a ellas y dedica el tiempo a los oyentes.

Cuando abras el tiempo para los oyentes, puedes hacer varias cosas: pedir que se hagan varias preguntas consecutivas o, si hay poco tiempo, que se formulen tres preguntas distintas y que los panelistas decidan cuáles quieren responder. Considera la posibilidad de tener a alguien en la sala que acerque el micrófono a quienes piden la palabra para que todos puedan oír bien las preguntas. Si no disponen de un micrófono que permita hacer esto, repite tú la pregunta en voz alta. Si alguna persona que pide la palabra comienza a hacer una extensa declaración, es apropiado interrumpirle amablemente para preguntarle cuál es exactamente la pregunta. Como moderador, tu tarea es proteger a todos los oyentes y hacer que se respeten los límites de tiempo marcados para el panel.

Cuando concluyas, haz un breve resumen del debate y despide a los asistentes. Establece una clara transición para que los oyentes puedan aplaudir. En una ocasión vi a un moderador concluir un debate y comenzar la introducción del siguiente orador mientras los panelistas seguían todavía en el escenario. Hacia la mitad de la introducción, se volvió hacia los panelistas y les dijo: «Pueden quedarse aquí o marcharse, pero es probable que lo mejor sea que se vayan». Me quedé estupefacta por aquella conclusión tan irrespetuosa.

Moderar un panel o participar como panelista son oportunidades fantásticas de hablar en público. Busca oportunidades para hacerlo en tu empresa o en aquellas asociaciones de las que eres miembro, y utilízalas para incrementar tu perfil público y tu reputación.

HABLA EN OTROS PAÍSES

Cómo prepararnos para hablar en el extranjero

En estos días el público no suele ser un grupo homogéneo. Incluso dentro de un país hay personas de distintas edades, culturas, religiones y niveles socioeconómicos. Dentro de una organización internacional como el Banco Mundial podrías tener que dirigirte a

personas de cincuenta países que hablan el mismo lenguaje buro-
crático pero que tienen distintas normas culturales. Tu reto es crear
un mensaje capaz de conectar con toda clase de personas, especialmente si tu discurso puede ser publicado en línea. Hay que tener en
cuenta determinadas pautas para hablar en otros países.

Hablar en países extranjeros es una maravillosa oportunidad
para incrementar tu visibilidad y credibilidad y, a veces, hasta para
unas breves vacaciones. En los últimos seis años he dado discursos
o llevado a cabo programas de formación en Israel, Argentina, Sud-
áfrica, Irlanda del Norte, Uganda, Territorios Palestinos, Australia,
Japón, Inglaterra y Mauricio, y espero poder hacerlo en muchos
más. Mi objetivo es ayudarte a desarrollar una mirada crítica al preparar discursos para audiencias internacionales, a fin de que puedas
traducir tu mensaje para que este llegue a distintas culturas.

Cuando te haces la primera de las tres preguntas, *¿Quiénes son
tus oyentes?*, pregúntate si el contenido de tu discurso será relevante en otros países. En Estados Unidos tendemos a utilizar muchas
analogías del ámbito deportivo, como hablar de un jonrón o una
anotación. Vi a un colega de Nueva York usar expresiones en yidis
que no todos los oyentes entendían. Dependiendo de cuál sea tu
sector laboral o la ciudad en la que vivas, puedes oír jerga de golf o
palabras en inglés durante una presentación. Durante un taller que
di en Sídney, Australia, para un grupo de ejecutivas de la región de
Asia-Pacífico, una colega norteamericana expresó que algo que era
muy sencillo diciendo: *¡Eso es pan comido!* No estoy segura de que
nuestras oyentes asiáticas entendieran esta expresión.

En el capítulo 4 hablamos del humor con la advertencia de que
nuestros chistes pueden no entenderse en otros países. Cuenta los
chistes que piensas utilizar a la persona que te ha invitado a hablar
y cerciórate de que tienen el efecto esperado. Cuando se trata de
humor, lo que es aceptable en un país puede no serlo en otro. Las
frases hechas y las bromas son algunos de los retos que afronta-
mos cuando hablamos en otros países. La actitud es otro de ellos.
En Japón, pedir disculpas al empezar un discurso es una señal de

humildad; sin embargo, para un grupo de oyentes estadounidenses hacerlo sonaría poco profesional[2].

Prueba tu discurso con personas del mismo trasfondo que tus oyentes para ver si tu mensaje conecta con ellos. Haz una investigación a conciencia de la cultura para tener una idea de sus dinámicas. Pide consejo sobre tu forma de vestir para no ofender involuntariamente a tus oyentes antes siquiera de decir una palabra. Investiga las normas culturales de saludo para no empezar con mal pie intentando chocar la mano de alguien. Y habla con personas del país para comprobar que no estás utilizando estereotipos trasnochados.

Como he dicho antes en esta sección, siempre hablamos a grupos en cierto modo heterogéneos, aun dentro de nuestras fronteras. Todas estas técnicas pueden aplicarse tanto si tienes que hablar a un grupo de otra línea de negocio de tu misma organización como si tienes que hacerlo en un país extranjero.

Viajar para dar conferencias

No impartas una conferencia, si es posible, el mismo día que llegas a un país extranjero. Aunque seas uno de los pocos afortunados capaces de dormir durante un vuelo, y aunque vueles en primera clase o en ejecutiva, te recomiendo que te tomes al menos un día para acostumbrarte al clima y a la zona horaria. Programa tu viaje para tener al menos una noche para dormir en una cama de verdad, y hazlo con antelación para tener un poco de margen frente a posibles retrasos por razones técnicas o meteorológicas. Por lo general, programo alguna actividad turística para el primer día.

Si tienes que hablar relativamente pronto después de tu llegada, prepara la ropa que vas a ponerte para el discurso y ponla en una maleta de mano. Muchas veces he visto a colegas presentarse vestidos con la ropa informal que llevaban para viajar porque su equipaje se extravió en el aeropuerto. Lleva contigo algún refrigerio para tomar antes de hablar. Aunque me encanta probar nuevas comidas y casi siempre me como todo lo que me ponen delante, antes de un discurso quiero estar segura de que lo que como no va a sentarme mal cuando me ponga delante de mis oyentes. Bebe mucha agua embotellada, pues cuando viajas, es fácil deshidratarte.

Cuando investigues la cultura del país en que vas a estar hablando, aprende a decir «buenos días» en el idioma de tu audiencia. Cuando hablo en un país extranjero me gusta presentarme a los oyentes *en su idioma* diciendo: «Buenos días, me llamo Allison Shapira y no hablo [idioma local]». Desde Austria hasta Japón, estas palabras siempre hacen reír a los presentes y expresan respeto por su idioma.

Si entre los asistentes hay distintos niveles de fluidez en este idioma, cerciórate de hablar despacio, vocalizando con claridad, en especial si tus comentarios se interpretan simultáneamente. Si es posible, habla en detalle con tu intérprete para asegurarte de que se siente cómodo traduciendo no solo las palabras, sino también tu intención subyacente. Si tienes que hablar varias veces en el mismo país, considera si es posible trabajar con el mismo intérprete.

Cada vez que hablamos hemos de tomar nota del lenguaje corporal de las personas. Sin embargo, debemos ser conscientes de que dicho lenguaje corporal depende de la cultura de cada país. La seriedad de un grupo de oyentes puede ser una mera señal de respeto o indicativa de su concentración para entenderte. No busques las mismas claves visuales que en tu país. Habla de antemano con el organizador de tu evento para saber qué esperar.

Viajar para hablar en público es una de las alegrías de mi carrera. Como perpetua aventurera, busco cualquier excusa para visitar un nuevo país y conectar con otras personas a través de la comunicación. ¿Te acuerdas del viaje a Mauricio del que hablé antes? El propósito de aquel viaje era visitar a un amigo que acababa de fundar un partido político. Pude dirigir un taller de comunicación pública para aquel nuevo partido, lo cual me dio una perspectiva del país que nunca habría tenido como turista. Conocer un país mientras se tiene la oportunidad de hablar en público es una forma maravillosa de conectar con sus habitantes y ver lo parecidos que somos todos.

HABLA EN OTRO IDIOMA

Para muchos de mis clientes el inglés es su segunda (tercera, cuarta o quinta) lengua. Por mi parte, he pronunciado discursos en italiano y hebreo (y una vez en árabe, pero no fue muy bien). Muchos de quienes leen este libro no tendrán elección, porque viven y trabajan en un determinado país y se espera que hablen públicamente en este idioma. Pero algunos tendrán la opción de decidir el idioma en el que van a hablar.

Dirigirnos a nuestros oyentes en su idioma es una increíble expresión de respeto por su cultura y una forma de conectar con ellos a un nivel profundamente personal. En algunos países hay un idioma estatal y otro del pueblo; hablar en el del pueblo envía un poderoso mensaje.

Como ciudadana de EE. UU. siempre he intentado refutar el estereotipo de que los estadounidenses no hablamos otros idiomas (¡muchos de nosotros hablamos varios!) o que esperamos que todos nos hablen en inglés. Observa los primeros minutos de la sesión de preguntas de Mark Zuckerberg, presidente ejecutivo de Facebook, en la Universidad de Zinghua en China[3]. No escuches lo que dice (a no ser que entiendas mandarín); concéntrate solo en la reacción de sorpresa y deleite que se aprecia en los oyentes.

Sea cual sea el idioma que hables, ahí van algunos consejos importantes que debes tener en cuenta:

- *Habla primero todo lo que puedas en ese idioma.* Mira la televisión, escucha la radio y habla para ti en voz alta para sentirte cómodo haciéndolo. Cuando me preparo para hablar en un idioma extranjero, me esfuerzo en pensar en ese idioma para que se convierta en el idioma por defecto en lugar del inglés.

- *Prepara un texto con las frases exactas que vas a decir.* Cuando hablas públicamente en un idioma extranjero, es difícil pensar en las palabras correctas en aquel mismo momento. Es mucho más fácil pensar en esas palabras con antelación. No es necesario que las memorices, pero tómate un tiempo para encontrarlas y practicarlas en voz alta. Así te será más fácil recordarlas cuando presentes tu mensaje.

- **Escoge palabras con las que te sientas más cómodo.** En todos los idiomas hay palabras difíciles de pronunciar. Si te atascas con una palabra mientras practicas, posiblemente te sucederá lo mismo cuando estés ante tus oyentes. Dedica un tiempo a encontrar palabras que te sean conocidas.

- **Lleva notas.** Es normal llevar notas con un bosquejo y las expresiones clave para no tener que ponerse a encontrarlas en el momento del discurso. Puedes mirarlas para recordar una frase y seguir después con toda naturalidad. Practica el discurso o presentación con las notas para consultarlas con facilidad.

- **Practica con un hablante nativo.** Repasa todo el discurso con alguien que hable el idioma en cuestión como lengua materna. Esto te ayudará a asegurarte de que tus palabras y argumentos tienen lógica, y también a aclarar cualquier cuestión idiomática.

- **Habla despacio y vocaliza.** Cuando estamos nerviosos tendemos a hablar más rápido: esto, junto con tu acento extranjero, hará que sea difícil entenderte. No hay nada malo en tener acento extranjero; esfuérzate únicamente en hablar despacio y vocalizar para que tus oyentes puedan seguirte.

- **Haz una pausa y respira.** En mi experiencia, los oradores no nativos son más proclives a usar muletillas como

«hum» mientras piensan en lo que van a decir, traduciendo mentalmente en el momento del discurso. Durante las
transiciones de una frase a otra, *haz una pausa y respira,* y
sonarás más decidido.

- **¡No quieras ser perfecto!** Quienes hablan públicamente
en otros idiomas tienden a ser sus peores críticos. Esperan
que sus discursos sean gramaticalmente perfectos, lo cual
es *imposible*. Ni siquiera los oradores nativos hablan con
una gramática perfecta. Cuando dejas de autoexigirte
perfección y te relajas, puedes centrarte en tu mensaje
y tus oyentes en lugar de estar fijándote en el idioma.
Una advertencia: esto no se aplica a las diapositivas o
folletos. Si vas a crear diapositivas o a imprimir folletos
en otro idioma, pídele a alguien que domine el idioma
que los corrija para asegurarte de que son correctos
gramaticalmente.

Siento mucha admiración por quienes se expresan públicamente
en un idioma distinto al suyo. Usa las pautas anteriores para dar lo
mejor en cualquier situación.

CAPÍTULO 12

Desarrolla tu presencia ejecutiva

Cinco elementos que aportan autoridad y autenticidad

DEFINE TU PRESENCIA EJECUTIVA

Recuerdo la primera vez que oí hablar de la «presencia ejecutiva». Unos clientes mencionaron la expresión cuando hablaban de sus objetivos al hablar en público. Decían cosas como: «Me gustaría desarrollar mi presencia ejecutiva para ganarme la atención total de los oyentes». O sus jefes los enviaban a mis talleres y me decían: «Tienen que desarrollar su presencia ejecutiva si quieren ascender en esta empresa».

Hay algunos libros geniales sobre este tema, desde *Executive Presence: The Missing Link Between Merit and Success*, de Sylvia Ann Hewlett, hasta *The Power of Presence: Unlock Your Potential to Influence and Engage Others* de Kristi Hedges. ⊕

Muchos de los elementos que definen la presencia ejecutiva son, de hecho, pautas de comunicación pública, como hablar con confianza, conectar con el público y captar la atención de los oyentes. Por ello, he desarrollado una metodología para enseñar presencia ejecutiva basada en cómo enseño oratoria y en mi propia experiencia en el desarrollo de la *presencia escénica* como cantante.

A lo largo de este libro has estado desarrollando presencia ejecutiva: una forma de hablar y actuar que hace que los demás tomen nota y te escuchen.

En este capítulo cubriré los cinco elementos que considero definitorios de la presencia ejecutiva y, además, señalaré las secciones del libro que puedes leer para desarrollarla de forma más específica. Verás que ya hemos cubierto muchos de ellos.

Descubrí el poder de la *presencia escénica* cuando tenía quince años. Durante mi segundo año en la *Booker High School* de Sarasota, Florida, en el programa de artes visuales e interpretativas, hice una prueba para participar en una gira por nuestro campus con una compañía de teatro. Durante la audición, diez aspirantes nos pusimos frente a un auditorio lleno de estudiantes. Uno por uno, nos limitamos a dar un paso al frente y a decir nuestro nombre. Ninguna explicación o currículum; solo nuestro nombre. Cuando me tocó a mí, di un paso al frente, hice una pausa y respiré. Recorrí el auditorio de forma serena y resuelta y sentí la expectación de los oyentes que esperaban oírme hablar. Acto seguido, lenta y claramente, declaré mi nombre como si fuera la información más crucial que alguien pudiera tener de mí. La compañía me aceptó.

Más adelante, cuando nos explicaron por qué nos habían escogido, el director señaló mi presentación (no mi nombre, obviamente, sino la forma en la que lo había pronunciado) como la razón de mi elección. En aquel momento no tenía ni idea de que era cantante de ópera en formación o que había actuado ante miles de personas. Todo esto se puso de relieve en aquellas dos palabras.

Piensa en las cosas que imparten *presencia escénica* a una cantante de ópera: es la forma decidida en la que una soprano abandona el escenario, su pasión por la música; es la confianza del tenor en lo que está haciendo tras años de estudio y preparación. Es la profunda conexión que sienten ambos con el material, con la música y con las *razones* que los llevan a hacer lo que hacen. No interpretan las arias de forma precipitada; se toman su tiempo y se concentran en la experiencia del público. Dominan el escenario y creen en su derecho de estar allí.

Ahora me gustaría que imaginaras a alguien con *presencia ejecutiva*: quizá la presidenta de tu organización, un miembro del consejo o una de tus colegas, sin una autoridad formal ni grandes credenciales. Podría ser la confianza que expresa esta persona cuando entra en una sala y comienza una reunión. O quizá la claridad y determinación con las que habla, dejando de lado lo accesorio y yendo directo al grano. Puede que sea la reputación que tiene dentro de la organización o el poder de su voz. Todos estos atributos son elementos cruciales de la presencia ejecutiva y juntos exigen la atención de los oyentes.

Hace algunos años me estaba preparando para dar el discurso principal sobre presencia ejecutiva a un grupo de ejecutivos de banca en una empresa de la lista *Fortune 50*. Antes de mi programa entrevisté a tres dirigentes de la firma. Les pregunté por qué era importante la presencia ejecutiva en las presentaciones a los clientes. Sus respuestas fueron increíblemente esclarecedoras: «¿Parece que mereces estar allí? ¿Tiene lógica lo que dices? ¿Das la impresión de poder encargarte de lo que hay que hacer? Tu presencia ejecutiva dice mucho de ti».

No se trata de crear una imagen falsa; tus oyentes lo ven de inmediato y esto tiene un impacto negativo en tu reputación y credibilidad. Para tener presencia tienes que conectar auténticamente con aquello que te mueve en tu trabajo: la presencia hace que esta motivación impregne tus palabras, acciones y energía.

Como verás más adelante, los cinco elementos de la presencia ejecutiva son interdependientes: desarrollar uno de ellos ayudará a desarrollar los demás. Y, por el contrario, normalmente la carencia de uno hará que los demás disminuyan. No son talentos, sino una selección de técnicas que puedes desarrollar con el tiempo.

La presencia ejecutiva no te la da tu título, sino la forma en la que actúas. He visto estudiantes universitarios que proyectan una potente presencia y directores ejecutivos que carecen de ella. Es algo que se siente en persona o por teléfono.

Y es también un rasgo altamente cultural. Mi colega Jeanine Turner, profesora adjunta en Georgetown University, describe la presencia como un concepto social. Esto significa que se basa en determinadas expectativas y suposiciones sobre cómo deberían actuar las personas; en este capítulo veremos cómo equilibrar estas expectativas con lo que es auténtico en ti.

Una gran parte de la investigación sobre la presencia ejecutiva se ha centrado en contextos comerciales estadounidenses, pero está presente en personas de todo el mundo. Los cinco elementos que describo a continuación no cambian según la cultura, pero *su forma de expresarlos* sí está supeditada a normas y expectativas culturales.

A medida que leas cada elemento, haz una nota de tus puntos más fuertes y de aquellos en los que te gustaría mejorar; hay consejos al final de cada sección. Los cinco elementos de la presencia ejecutiva son:

1. Contenido

2. Confianza

3. Mensaje no verbal

4. Voz y tono

5. Interacción con los demás

1. CONTENIDO: CONOCE TU MATERIAL

El primer elemento de la presencia ejecutiva es saber de lo que hablas. Si estás dando un discurso o hablando en una reunión, presencia ejecutiva es demostrar que conoces el tema y tienes un punto de vista claro al respecto.

Pero no significa simplemente ser un experto. Seguro que conoces a alguien de tu organización a quien nunca pondrías a dar un discurso, aunque sabe muchísimo sobre un tema. Es aquí donde las personas de perfil técnico tienen un momento «eureka». No se trata de divagar en tecnicismos mientras los oyentes se desconectan de lo que dice el orador, sino de articular un mensaje claro y contundente, sin jerga o lenguaje comercial genérico. Se trata de ir al grano y de tener el valor de hablar claro cuando hay mucho en juego, de mantener la calma cuando otros pierden la cabeza.

Imagina que te encuentras en una sala de juntas donde alguien propone un nuevo proyecto. Mientras habla, tu inteligencia emocional te lleva a mirar a tu alrededor. Ves a los presentes moverse incómodamente y expresando visiblemente su desacuerdo mientras la persona en cuestión desarrolla su exposición. Sabes exactamente por qué este proyecto no va a funcionar y tienes la sensación de que todos los demás piensan igual, pero nadie se atreve a decirlo. Aunque tú no tienes autoridad formal para detener el proyecto, crees que debes decir algo. Haces una pausa y respiras, organizas tus ideas, y después hablas serenamente, sugiriendo a quien presenta el proyecto que pida la opinión de quienes trabajan sobre el terreno antes de tomar una decisión. Observas que la tensión de la sala se disipa al momento.

La capacidad de influir en el curso de una reunión forma parte de tu presencia ejecutiva.

Ahí van algunas pautas para trabajar este elemento:

- **Prepárate bien.** No puedes esperar por las buenas tener un impacto en estas situaciones. Prepárate para cada reunión haciéndote las tres preguntas del capítulo 2, de manera que puedas acudir a la reunión preparado con ideas claras. Prepara preguntas clave para mantener la atención de las personas.

- **Ve al grano.** Recordarás que en el capítulo 5 hablamos de la crucial importancia de la concisión en nuestros discursos. Es más, en muchos sectores, tus superiores evaluarán tu potencial para el liderazgo basándose en tu capacidad de hablar con concisión y saber dirigir una conversación. Aprende a ser más conciso usando las técnicas del capítulo 5 y practica tus capacidades de improvisación mediante las pautas del capítulo 10.

- **Líbrate de la jerga y las muletillas.** Para inspirar a tus oyentes debes usar un lenguaje descriptivo y auténtico; no lo conseguirás mediante la jerga. Utiliza un lenguaje que sea coloquial y genuino para ti y deja a un lado las muletillas y expresiones excesivamente informales.

- **Habla con valentía cuando otros tengan miedo de hacerlo.** Déjate llevar por tu convicción y habla abiertamente cuando sepas que algo es importante. Si te sientes nervioso ante la perspectiva de expresar tus convicciones, revisa el capítulo 7 en la parte que habla de hacer una pausa y respirar para armarte de valor y decir lo que piensas.

- **Sé consciente de cuándo no tienes que hablar.** Desarrollar este elemento de tu presencia ejecutiva te llevará a expresar tus convicciones con más frecuencia (y esto es generalmente un cambio positivo), pero quiero advertirte que seas prudente. No conseguirás presencia ejecutiva acaparando el tiempo de una conferencia telefónica o una reunión, sino con sabiduría estratégica sobre *cuándo* hablar y *qué* decir; también con discernimiento sobre cuándo es mejor dejar algo para una conversación privada que para un debate en grupo. Como dice uno de mis clientes: «A veces la persona que *menos* habla en la reunión es la que tiene más poder».

2. CONFIANZA

El elemento de confianza en la presencia ejecutiva va más allá de conocer bien el tema o de estar preparado. Si este fuera el caso, la clave de la confianza sería una preparación exhaustiva.

Como hemos visto en el capítulo 7, la confianza procede de muchos factores; conocer bien el tema es solo uno de ellos. ¿Crees verdaderamente en lo que estás diciendo? ¿Crees en aquello que representas? ¿Estás orgulloso del trabajo que haces?

La confianza procede de una serie de convicciones: en ti mismo, en el mensaje que transmites y en el valor del trabajo que realizas. Es un aura que rodea lo que dices y el modo en el que lo dices. Es algo que se expresa por teléfono o en persona.

Una de mis estudiantes de posgrado se estaba preparando para una entrevista laboral en la que optaba a un importante cargo en una de las empresas de tecnología más importantes del mundo. Me confió que todavía no estaba segura de conseguir el trabajo y que creía incluso que le iban a comunicar su *rechazo* en la última entrevista presencial. Pero me dijo también que creía firmemente ser la persona idónea para aquel puesto y me dio razones contundentes para ello. A medida que explicaba todos estos motivos, su voz se hacía más firme y su postura más erguida. Comenzaba a ganar confianza en sí misma. Decidimos que iba a visualizar la próxima entrevista de trabajo y que se presentaría a ella con la mentalidad de que *iba a* conseguir el trabajo. Una semana más tarde me escribió un email diciéndome que le habían dado el puesto.

Cuando uno cree en sí mismo y en lo que representa, irradia una energía que los demás captan inmediatamente. Este sentido de confianza no tiene por qué expresarse de forma exagerada o afectada; puede ser silenciosa y se basa en la seguridad en uno mismo y en sus capacidades. De todos los elementos de la presencia ejecutiva, considero que la confianza es el más potente, porque insufla vida a todo lo demás.

Estas son algunas pautas para hablar con confianza:

- ***Pregúntate «¿Por qué tú?» para conectar con tu motivación.*** Habla con un amigo o colega sobre esta pregunta para identificar lo que te motiva en tu trabajo. Si no lo encuentras en tu trabajo, búscalo en tu vida en general. Utiliza el ejercicio de la *Declaración de valores esenciales* del capítulo 7 y habla en voz alta antes de entrar en la sala de reuniones.

- *Usa la práctica mental para visualizar tu éxito.* Visualizar la situación mentalmente es una forma efectiva de ganar confianza en cualquier situación, desde conversaciones personales difíciles hasta una estresante reunión.

- *Busca aliados.* Encuentra a esas personas en tu trabajo y comunidad que te ayudan a crecer y ven tu potencial. Invierte tiempo con estas personas para desarrollar tu confianza.

- *Haz los deberes.* Aunque la preparación no sea el único indicador de confianza, es uno de los más importantes. Encuentra tiempo para prepararte para estas situaciones.

3. LENGUAJE NO VERBAL

Cuando subes a un escenario o te pones ante el atril de una sala de conferencias, todo en ti está comunicando: tus ojos, tu cuerpo y tu forma de vestir. Todos estos elementos tienen un importante impacto en tu presencia ejecutiva. Cuando hablamos, es importante procurar que todo lo que comunicamos *diga lo mismo*.

Muchas veces el lenguaje corporal delata el nerviosismo o la falta de confianza de la persona que habla. Una gesticulación inquieta de las manos desacreditará sus claras recomendaciones verbales. Caminar nerviosamente hacia adelante y hacia atrás hará que el orador parezca intranquilo y desorientado cuando tiene que estar plenamente concentrado. En el capítulo 6 hemos aprendido técnicas para manejar estas cuestiones.

La *Harvard Kennedy School* ofrece una beca de posgrado que incorpora durante un año a sus programas a oficiales militares estadounidenses (y algunos civiles). Estos veteranos dirigentes asisten a clases, dirigen investigaciones y aportan una valiosa perspectiva basada en sus experiencias en el ejército. No se visten con uniforme militar, pero es fácil identificarlos a primera vista. ¿Por qué? Algunas cosas les delatan: su postura, forma de andar y, en algunos casos, su corte de pelo. Su presencia ejecutiva se expresa en su comunicación no verbal.

Aquí van algunos consejos para mejorar tu presencia no verbal:

- *Presta atención a tu forma de entrar en una sala.* Céntrate antes de entrar en una sala para asegurarte de que estás resuelto y decidido. Cuando estés de pie, mantente erguido, con los pies firmes, y evita gestos que muestren inquietud. Cuando estés sentado, permítete adueñarte de ese espacio en lugar de cruzar los brazos y encogerte.

- *Mantén el contacto visual.* El contacto visual demuestra tu confianza para hablar y desarrolla la confianza con tus oyentes. Especialmente cuando hablas de algo importante, mantén el contacto visual con las personas que quieres motivar a la acción.

- *Haz gestos con las manos que expresen resolución, no nerviosismo.* Las muestras de inquietud en gestos o movimientos harán que no parezcas preparado y restarán valor a tu presencia ejecutiva. Usando las técnicas que hemos cubierto en el capítulo 6, practica gestos que acompañen a tu lenguaje.

- *Sé estratégico en tu forma de vestir.* Tu aspecto transmite distintos mensajes a tus oyentes. Puedes mostrar profesionalidad o pereza, patriotismo o falta de cuidado. Aunque no puedo decirte lo que debes ponerte, sí que te pido que entiendas lo que comunica tu forma de vestir; te sugiero que te vistas del modo en el que quieres que te perciban. Una camisa arrugada, unas uñas con restos de esmalte y el pelo sin peinar pueden reducir tu presencia ejecutiva porque te hacen parecer negligente[1]. No es que siempre tengas que ponerte un traje, aunque según un estudio fascinante sobre la autoridad que se percibe en las personas que llevan traje, hacerlo puede aumentar tu influencia[2]. Decidas ponerte un traje o te *niegues* a ello, tu forma de vestir transmite un mensaje.

4. VOZ Y TONO

¿Concuerda el poder de tu voz con el de tus palabras? Cuando hablas, ¿das la impresión de creerte lo que estás diciendo? Tu tono de voz puede hacer que alguien se detenga en seco o cautivarle para que se incline a escucharte. Esto es importante cada vez que hablas en público, especialmente cuando desarrollas tu presencia ejecutiva.

Imagina que te encuentras en un avión que atraviesa una zona de turbulencias. Comienza con un par de movimientos bruscos, pero pronto la aeronave se mueve tanto que aun los viajeros más curtidos se miran unos a otros enarcando las cejas. Todo el mundo se ciñe el cinturón de seguridad y se agarra firmemente a los reposabrazos. Este es uno de los casos en los que practico la respiración deliberada. De repente, se oye la voz del piloto por el intercomunicador.

¿Qué es lo que quieres oír en la voz del piloto? Sin duda quieres encontrar calma, seguridad, profesionalidad y competencia. Estoy convencida de que estas cosas las transmitirá o no con sus tres primeras palabras: «Señoras y señores». Detecto esta confianza en la cadencia regular de las palabras y en el tranquilo tono de voz que dice no estamos en peligro. Pronto vamos a salir de las turbulencias.

Hemos invertido bastante tiempo en los capítulos 6 y 7 explicando que tu voz puede transmitir confianza o duda. Cuando empiezas a hablar, tu tono ya comunica antes siquiera de que aflore el sentido de las palabras. Y si hay alguna discrepancia entre las palabras y el tono, las personas van a creer el tono. Cuando hablan en público, la mayoría de las personas se concentran en las palabras y dan por sentado que el tono apropiado seguirá de forma natural; pero no siempre es así.

Todo lo que has aprendido sobre la respiración y la voz realzará tu presencia ejecutiva, y la confianza que has desarrollado aprendiendo estas técnicas calmará tu nerviosismo y permitirá que tu voz transmita toda la fuerza de tu convicción.

Estas son algunas pautas que hemos de tener en mente:

- ***Practica la respiración deliberada.*** Aparta tiempo para *hacer una pausa y respirar* antes de hablar. Este ejercicio te afirma, te da tiempo de reflexionar en tus palabras y te hace parecer (y sonar) más sensato.

- ***Habla con voz clara y pausada.*** Cuando tú encuentras tu confianza y convicción en lo que estás haciendo, lo expresas con la fuerza de tu voz. No se trata de gritar, sino de hablar de forma clara y confiada, con calma y vocalizando.

- ***Practica la pausa.*** ¿Recuerdas la anécdota que he contado al principio del capítulo sobre mi forma de mostrar presencia ejecutiva solo diciendo mi nombre? No fue solo mi nombre lo que captó la atención de mis oyentes, sino también la pausa y el contacto visual que hice antes de hablar, combinados con la fuerza de mi voz después. Tus pausas frente a quienes te escuchan muestran que te sientes cómodo con los silencios y hacen que tus oyentes se concentren en escucharte atentamente.

- ***Ten cuidado con el* uptalk *y el* vocal fry.** Las anomalías vocales y de entonación que comentamos en el capítulo 6 son particularmente nocivas para tu presencia ejecutiva, ya que pueden hacer que parezcas inseguro o vago. Haz que la cadencia de tu voz suba y caiga de forma natural.

5. INTERACCIÓN CON LOS DEMÁS

A lo largo de todo este libro he subrayado que hablar en público es una forma de desarrollar relaciones de confianza con tus oyentes. Forma también parte integral de tu presencia ejecutiva. Comprende tus relaciones personales con los demás, tu reputación y tu integridad.

Nuestra presencia no es algo que podamos ponernos y quitarnos según nos convenga, sino algo que construimos cada vez que interactuamos con otros. Cuando participas en una reunión, ¿te ven los demás como un compañero fiable? Cuando entras en una sala o descuelgas un teléfono, tu reputación te precede. A veces estás en la reunión por tu reputación; otras, *a pesar* de ella.

Estoy segura de que conoces a alguien que tiene una voz potente, un buen lenguaje corporal o un total dominio del tema que desarrolla, pero que no te inspira confianza. O quizá no confías en la organización que representa. Si solo hablas, pero no actúas en consecuencia, tu presencia ejecutiva se reduce. Pero tu presencia no es solo un asunto de hablar o actuar, sino también de cómo haces sentir a los demás.

Estas son algunas pautas para mejorar esta clase de relaciones personales:

- *Estar físicamente presente con los demás.* Cuando interactúas con los demás, ¿estás concentrado o distraído? Deja a un lado tu dispositivo electrónico, desactiva las notificaciones y muéstrate completamente presente con las personas que están hablando. Mantén un contacto visual directo, practica una escucha activa y concéntrate únicamente en esa persona.

- **Ser asequible.** Si no haces hueco para nadie en tu calendario y no respondes los emails, estás construyendo una pared a tu alrededor que te impide conectar con los demás. Encuentra tiempo para quedarte y hablar con las personas, y muéstrate disponible cuando otros necesiten hablar.

- **Vivir los valores que se predican.** Cuando vives los valores que profesas, estableces un potente ejemplo para los demás. Esta es la razón por la que la Declaración de valores esenciales es un recurso tan potente para identificar dichos valores y pensar en cómo los vives con coherencia. Reconoce que tu vida puede ser un ejemplo cada día.

- **Pedir comentarios.** Pedir a otras personas (colegas, encargados o amigos) que te den sus impresiones es una forma eficaz de desarrollar las relaciones personales y también de conocerte a ti mismo. En su libro *The Power of Presence*, Kristi Hedges anima a las personas a realizar una evaluación de la propia presencia como un modo de pedir información de seguimiento a colegas y amigos de confianza.

Cada uno de los cinco elementos de la presencia ejecutiva requiere técnicas que desarrollamos en este libro. Cada vez que hablas tienes la oportunidad de causar un impacto en la conducta de tus oyentes e influir en sus acciones. Centrándote en tu presencia ejecutiva, te asegurarás de que todos los aspectos de tu comunicación transmitan con potencia el mismo mensaje.

Lee los cinco elementos de la presencia ejecutiva y evalúate según cada uno de ellos en una escala del 1 al 5. Usa la autoevaluación de la presencia ejecutiva que hay en www.speakwithimpactbook. com. ⊕ Analiza los aspectos en los que estás más mal y lee los consejos que acabamos de ver para trabajarlos.

CAPÍTULO 13

Reúne valor para hablar

Cómo usar este libro para decir lo que piensas

CÓMO USAR ESTE LIBRO

¿Qué harás a partir de ahora? Espero que este libro te haya inspirado a mirar en tu interior para dilucidar por qué tienes el llamado a hablar. Espero que te haya dado el valor de buscar más oportunidades de hablar en tu trabajo o en tu entorno, y de usar la voz para causar un impacto en el mundo que te rodea. Y espero que tomes medidas basadas en tus palabras.

Repasa todas las oportunidades de hablar consignadas en el capítulo 1 y comprométete a encontrar algún evento para hacerlo durante el próximo mes. Después, busca otro. Cuanto más apliques estas técnicas, más rápido desarrollarás tus capacidades y mejorarás en tu comunicación pública.

Si no has encontrado un compañero de prácticas para leer juntos este libro, búscalo ahora y usa a esta persona como consejero de confianza para que te ayude a aplicar lo que has aprendido.

Este libro está lleno de consejos y técnicas, ¿pero por dónde vas a empezar cuando ya tengas un discurso programado en el calendario?

Cuando tienes dos horas o menos para preparar un discurso

Todos nos hemos encontrado en la situación de tener que preparar un discurso en un breve margen de entre treinta minutos y dos horas de tiempo. En este caso, mira el recuadro «Cómo escribir un discurso en treinta minutos» e invierte todo el tiempo que puedas practicando y usando los métodos explicados en el capítulo 5.

Cuando tienes una semana para preparar un discurso

Puedes también usar el recuadro «Cómo escribir un discurso en treinta minutos», pero añade ahora la sección del capítulo 5 que habla de pulir el discurso.

Cuando tienes un mes para preparar un discurso

Lee este libro teniendo en mente el discurso que tienes que dar.

Usa el capítulo 2 para hacerte las tres preguntas y determinar el mensaje principal de tu discurso.

Usa el capítulo 3 para guiarte en el proceso de redacción.

En el capítulo 4 encontrarás ideas para conectar con tus oyentes por medio de la persuasión, los relatos o el humor.

Usa el capítulo 5 para pulir y practicar tu discurso.

Usa el capítulo 6 para añadir atractivos recursos para la expresión pública de tu mensaje.

El capítulo 7 te enseñará a calmarte y te ayudará a centrarte.

El capítulo 8 te preparará para ponerte en frente de tus oyentes.

Los capítulos 9, 10 y 11 te ayudarán a prepararte en general y en situaciones más específicas. Al final de casi cada capítulo hay ejercicios para ayudarte a aplicar lo que has aprendido. Puedes ir de un ejercicio a otro para seguir desarrollando tus técnicas.

TEMAS COMUNES

Antes de atreverme a escribir mis canciones como cantante de folk comencé interpretando las de otros compositores en el mundo de la ópera. Hoy creo que tanto la ópera como la música folk tienen mucho que enseñarnos en cuanto a hablar en público. Mientras que la ópera nos enseña las técnicas y la disciplina para desarrollar nuestras capacidades, la música folk nos habla del poder de la autenticidad por encima de la perfección.

En este libro te he presentado un proceso de trabajo que podemos usar para muchas de las oportunidades normales de hablar en público, desde presentaciones sobre cuestiones cotidianas a discursos de contenido trascendental. Sin duda habrá novedades en la medida en que cambien la tecnología y nuestra comprensión de la conducta humana. Personalmente estoy aprendiendo constantemente nuevas técnicas y estrategias de mis colegas y clientes de todo el mundo. En www. speakwithimpactbook.com encontrarás nuevos recursos y podrás leer las experiencias de otras personas que han usado este libro con provecho. ⊕ Envíanos tus comentarios para que podamos compartirlos con los demás.

Me gustaría que recordaras algunos temas importantes que he desarrollado en este libro:

- *Hablar en público es una habilidad; no un talento.* Mi filosofía pedagógica descansa en la convicción de que todos podemos hablar bien en público con práctica y un buen seguimiento. La medida de nuestra mejora como oradores será la medida en la que ejercitemos esta habilidad con miras a avanzar.

- *Hablar en público es algo que hacemos cada día.* Las llamadas telefónicas, webinarios, presentaciones en reuniones o en salas culturales son oportunidades diarias para hablar en público. Pueden surgir en cualquier lugar del mundo o etapa de nuestra carrera, sea cual sea nuestro trasfondo.

- **Todos nos ponemos nerviosos.** Si te sientes nervioso antes de una presentación, recuerda que no estás solo. El miedo a hablar en público es universal y la mayoría de las personas te comprenderán. Recuerda que todos tus oyentes quieren que tu discurso salga bien.

- **Lo importante es ser auténtico, no perfecto.** Nadie quiere escuchar una presentación o discurso perfectos, sino sentir que la persona que habla es auténtica y se preocupa sinceramente por lo que expone. Olvida la necesidad de ser perfecto y reducirás una gran parte de tu estrés.

- **Lo importante es conectar con tus oyentes y ganar confianza.** Impartir un discurso o presentación es una oportunidad de construir una relación de confianza con tus oyentes, sea una sola persona o mil. Los recursos de este libro te ayudarán a centrarte en tus oyentes y en tu mensaje de un modo que te conecte con ellos a nivel personal.

- **Se trata de hacer de tu voz un instrumento de liderazgo.** El profesor Marshall Ganz declara: Movilizar a otros para lograr un propósito en condiciones de incertidumbre, lo que hacen los líderes, desafía las manos, la mente y el corazón»[1]. Una vez has determinado lo que quieres decir, se trata de encontrar una forma de movilizar a tus oyentes.

GANA ALIADOS DE TUS IDEAS

A lo largo de este libro he insistido en la importancia de expresar nuestra opinión aunque tengamos miedo. Hablar en público entraña ciertos peligros. Lo que dices puede ser política o culturalmente peligroso. Expresar tu opinión puede suponer peligros *físicos* dependiendo de lo que quieras decir o de si las expectativas culturales te permiten hacerlo. Puede que seas un personaje político emergente que hablas abiertamente contra dinámicas concretas de corrupción o una mujer joven que habla sin tapujos de ciertas prácticas culturales peligrosas en tu comunidad. He conocido a mujeres que han tenido el valor de hablar en público de su violación para cambiar tabúes públicos de su país y darles a otras mujeres el valor de confrontar a sus atacantes. Cuando hablamos de cosas que desafían las normas sociales aceptadas, nuestras palabras conllevan peligro.

Lo último que quiero que hagas es que leas este libro y des un discurso que ponga tu vida en peligro. Cuando te hagas las tres preguntas (*¿Quiénes son tus oyentes? ¿Cuál es tu objetivo?* y *¿Por qué tú?*), tendrás una idea de si tu discurso será o no polémico. Si crees que tu mensaje va a ser peligroso, toma medidas para ganarte el apoyo de algunos aliados. Encuentra personas (en tu partido político, en el liderazgo de tu organización o en tu comunidad) que te den su apoyo y estén dispuestos a respaldarte en público. Consolida tu relación con estos aliados de modo que cuando hables no tengas que hacerlo solo.

Por otra parte, no te limites a buscar a aquellos que piensan como tú. Relaciónate también con quienes no están de acuerdo contigo para entender mejor su punto de vista. De este modo podrás abordar mejor las cuestiones polémicas o ajustar tus propias ideas si es necesario. Lamentablemente, tenemos la tendencia de aceptar aquellos comentarios que apoyan nuestra concepción del mundo y desacreditar los que se le oponen, lo cual nos lleva a una peligrosa mentalidad incapaz de aceptar puntos de vista opuestos. Ten el valor de escuchar a otras personas y la humildad para aceptar que puedes estar equivocado.

Desde una perspectiva más práctica, encontrar aliados que te ayuden en tu comunicación pública es una parte muy importante de tu éxito. Las personas que participan en nuestros talleres hablan y los demás participantes comentan sus discursos. Muchas veces este comentario es más rico y matizado que el mío porque sus compañeros de taller conocen el tema mejor que yo. Las amistades que surgen de estos talleres acaban consolidándose porque los asistentes se llaman unos a otros para practicar sus discursos y presentaciones más importantes. El proceso de pedir y hacer comentarios crea un importante vínculo con los demás, puesto que quienes lo hacen están dispuestos a hacerse vulnerables frente a ellos. Encuentra aliados que puedan proporcionarte unos comentarios sinceros sobre tus puntos fuertes y sobre aquellos en los que puedes mejorar.

ESCUCHA A OTRAS PERSONAS

Todo este libro se centró en el arte de hablar, y esto puede hacernos olvidar la importancia de escuchar.

Escucha a tus oyentes y sus necesidades antes de hacer tus comentarios. ¿Quiénes son tus oyentes y qué es importante para ellos?

Escúchalos y mira cuál es su primera reacción a tus comentarios. ¿Qué dice su lenguaje corporal y qué significan de veras sus preguntas? En las reuniones, escucha a quienes están a tu alrededor en lugar de limitarte a pensar en lo que vas a decir a continuación.

Escucha los puntos de vista de los demás, aunque no estés de acuerdo con ellos. En los Estados Unidos estamos muy orgullosos de la libertad de expresión que nos otorga nuestra Primera Enmienda, una libertad que suscribo de todo corazón. Este derecho implica una gran responsabilidad porque *nuestras palabras tienen poder*. Con nuestras palabras podemos ayudar a alguien o destruirle. Podemos monopolizar el tiempo expresando nuestras convicciones o respetar el derecho de otras personas a hablar.

Escucha tu voz interior y reconoce verdaderamente lo que quieres decir, no lo que crees que los demás quieren escuchar. Cuando sientes un conflicto ético entre lo que tu organización quiere que digas y lo que tú crees que es adecuado, escuchar esta voz interior puede hacer que te replantees lo que tienes que hacer con tu vida.

Sé consciente de cuándo no tienes que hablar

Durante uno de mis cursos de liderazgo en la escuela de posgrado aprendí una humillante lección. Una mañana, al entrar en el aula, vi que alguien había escrito en la pizarra el nombre de seis estudiantes junto a una nota: «¿Podrían abstenerse de hablar hoy y darnos la oportunidad de hacerlo a los demás?». Mi nombre era uno de ellos. Me sentí estupefacta y avergonzada. Me gustaba hablar en clase porque los temas me interesaban y creía que tenía un importante enfoque que ofrecer a mis colegas. Sin embargo, tras consultar con algunos amigos de la clase, entendí que mi conducta era previsible. Siempre que se planteaba un desafío o pregunta al grupo, yo saltaba como un resorte antes de que los demás hubieran tenido tiempo de pensar. Me convertí en una muleta para los demás.

No hay duda de que podemos aportar algo en casi cada situación. Puede que tras leer este libro te sientas particularmente motivado a hacerlo, pero recuerda la importancia de actuar de manera estratégica. Si siempre expresas tu opinión y monopolizas la reunión, les estás quitando a otras personas la oportunidad de hablar y de enfrentarse a retos. En palabras del Dalai Lama: «A veces creamos una impresión dinámica diciendo algo; en otras ocasiones dejamos una profunda impresión guardando silencio»[2].

CONCLUYE CON UNA LLAMADA A LA ACCIÓN

Creo que cada persona tiene algo importante que decir, sea a título personal, para su organización o para su comunidad. Hablar en público tiene que ver con encontrar tu propia voz, desarrollar tus capacidades comunicativas y descubrir tu valor para hablar. Para hacerlo debes identificar lo que es importante para ti y lo que el mundo necesita y, después, movilizar a otras personas para que se comprometan con ello: desde una nueva estrategia empresarial a una visión de cambios sociales. Es así que lideramos con nuestra voz.

El 24 de marzo de 2018, durante la Marcha por nuestras Vidas en Washington D.C., algunos voluntarios distribuyeron carteles por la séptima calle del noroeste. Un cartel mostraba a un grupo de personas, una de ellas gritando por un megáfono, y la palabra «¡ACTÚA!» escrita en grandes letras rojas en la parte superior. Me causó una honda impresión la correlación entre hablar y actuar. Quizá tú mires el cartel y pienses para tus adentros: «¡Pero aquí solo están hablando, no se los ve actuar!». Sin embargo, debemos tener en cuenta que expresar la opinión es el primer paso hacia la acción. Porque cuando te expresas sobre un asunto, empiezas a asumir la responsabilidad de encontrar una solución. Gordon Whitman, autor de *Stand Up! How to get involved, speak out, and win in a world on fire*, dice que cuando expresamos nuestra opinión pasamos de ser miembros pasivos de la sociedad a ser agentes de cambio[3]. Mi llamada a la acción es que uses estas capacidades para el bien y no para el mal.

A lo largo de los siglos, los dictadores y déspotas han utilizado la oratoria para dividir a las personas en lugar de unirlas. Reconoce el increíble poder de la palabra hablada y utilízala para promover la comunidad, la conexión y la confianza. Es algo que necesitamos en el ámbito de la empresa, en la política y en el mundo en general. Al usar estas capacidades para el bien, tendrás un impacto potente y positivo en el mundo que te rodea.

Notas

Introducción

1. *Toastmasters International®* www.toastmasters.org. Consultada el 21 de febrero de 2018.

Capítulo 1

1. Pentland, Alex «Sandy». «Defend Your Research: We Can Measure the Power of Charisma». *Harvard Business Review*, febrero 2010, hbr.org/2010/01/defend-your-research-we-can-measure-the-power-ofcharisma. Consultada el 21 de febrero de 2018.

2. Pentland, Alex «Sandy». «The New Science of Building Great Teams». *Harvard Business Review*, abril 2012, hbr.org/2012/04/the-new-scienceof-building-great-teams. Consultada el 21 de febrero de 2018.

3. *Toastmasters International*: Inicio, www.toastmasters.org. Consultada el 21 de febrero de 2018.

4. *Toastmasters International®* y todas las demás marcas registradas y derechos de autor de *Toastmasters International* son propiedad exclusiva de *Toastmasters International*. Las opiniones expresadas en este libro son las del autor e independientes de *Toastmasters International*, que no las autoriza, refrenda, patrocina, o aprueba de cualquier otro modo.

5. *TEDx Program*: Inicio, www.tedx.com. Consultada el 21 de febrero de 2018.

6. *TED: Ideas Worth Spreading*, www.ted.com/. Consultada el 21 de febrero de 2018.

7. Gallo, Carmine. *Hable como en TED* (Barcelona: Conecta, 2016).

8. Cornish, David y Dianne Dukette. *The Essential 20: Twenty Components of an Excellent Health Care Team* (Pittsburgh, PA: RoseDog Books, 2009).

Capítulo 2

1. «BBC World Service | Learning English | Moving Words». *BBC News*, BBC, www.bbc.co.uk/worldservice/learningenglish/movingwords/shortlist/ mandela.shtml. Consultada el 21 de febrero de 2018.

2. The Daily Conversation. «Mitt Romney's '47 Percent' Comments». YouTube, *YouTube*, 18 de septiembre de 2012, www.youtube.com/watch?v=M2gv Y2w-qI7M. Consultada el 21 de febrero de 2018.

3. Noonan, Peggy. *On Speaking Well: How to Give a Speech with Style, Substance, and Clarity.* (Nueva York: HarperCollins, 1998).

4. Heifetz, Ronald Abadian y Martin Linsky, *Liderazgo sin límites: Manual de supervivencia para mánagers* (Barcelona: Paidós, 2003).

Capítulo 3

1. King, Stephen. *Mientras escribo*, (Barcelona: Debolsillo, 2018) p. 57.

2. Lehrman, Robert A. *The Political Speechwriter's Companion: A Guide for Writers and Speakers.* (CQ Press, 2009).

3. The U.S. Department of Housing and Urban Development, Office of Community Planning and Development. *The 2017 Annual Homeless Assessment Report (AHAR) to Congress.* Diciembre de 2017. https://www.hudexchange.info/resources/documents/2017-AHAR-Part-1.pdf. Consultada el 9 de marzo de 2018.

4. Cornish, David, y Dianne Dukette. *The Essential 20: Twenty Components of an Excellent Health Care Team.* (Pittsburgh, PA: RoseDog Books, 2009).

5. «Cancer Stat Facts: Cancer of Any Site». *Surveillance, Epidemiology, and End Results Program*, National Cancer Institute, 2014, seer.cancer.gov/ statfacts/html/all.html. Consultada el 21 de febrero de 2018.

6. Alto Comisionado de las Naciones Unidas para los Refugiados. «UNHCR viewpoint: 'Refugee' or 'migrant'—Which is right?», UNHCR, 11 julio 2016, www.unhcr.org/en-us/news/latest/2016/7/55df0e556/unhcr-viewpointrefugee-migrant-right.html. Consultada el 21 de febrero de 2018.

Capítulo 4

1. *The Internet Classics Archive | Rhetoric by Aristotle*, MIT, classics.mit.edu/Aristotle/rhetoric.html. Consultada el 21 de febrero de 2018.

2. Kolbert, Elizabeth. «Why Facts Don't Change Our Minds». *New Yorker*, 27 febrero 2017, www.newyorker.com/magazine/2017/02/27/why-factsdont-change-our-minds. Consultada el 21 de febrero de 2018.

3. Heath, Chip, y Dan Heath. *Made to Stick: Why Some Ideas Survive and Others Die.* (Nueva York: Random House, 2007).

4. Zak, Paul J. «Why Your Brain Loves Good Storytelling». *Harvard Business Review*, 28 de octubre de 2014, hbr.org/2014/10/why-your-brain-loves-good-storytelling. Consultada el 21 de febrero de 2018.

5. Simmons, Annette. *Whoever Tells the Best Story Wins: How to Use Your Own Stories to Communicate with Power and Impact.* (AMACOM, 2015).

6. Ganz, Marshall. «Public Narrative, Collective Action, and Power». *Digital Access to Scholarship at Harvard,* 2011, nrs.harvard.edu/urn3:HUL.InstRepos:29314925. Consultada el 21 de febrero de 2018.

7. «The Art and Craft of Storytelling». *The Moth,* www.themoth.org. Consultada el 21 de febrero de 2018.

8. Ganz, Marshall. «Public Narrative, Collective Action, and Power». *Digital Access to Scholarship at Harvard,* 2011, nrs.harvard.edu/urn3:HUL.InstRepos:29314925. Consultada el 21 de febrero de 2018.

9. Hampes, William P. «Relation between Humor and Empathic Concern». *Psychological Reports,* vol. 88, n.º 1, febrero de 2001, pp. 241–244, doi:10.2466/pr0.2001.88.1.241.

10. «GeorgeJesselQuotes». *BrainyQuote,* Xplore, www.brainyquote.com/citation/quotes/george_jessel_177118. Consultada el 21 de febrero de 2018.

Capítulo 5

1. Citas de Miguel Ángel. (Sin fecha). BrainyQuote.com. Obtenida el 20 de enero de 2018, de BrainyQuote.com: www.brainyquote.com/quotes/michelangelo_386296.

2. Noonan, Peggy. *On Speaking Well: How to Give a Speech with Style, Substance, and Clarity.* (Nueva York: HarperCollins, 1998).

Capítulo 6

1. Strongman, K. T., y B. G. Champness. «Dominance Hierarchies and Conflict in Eye Contact». *Acta Psychologica,* vol. 28, 1968, pp. 376–386, doi:10.1016/0001-6918(68)90026-7.

2. Spector, Nicole. «Smiling Can Trick Your Brain into Happiness—and Boost Your Health». *NBCNews.com,* NBC Universal News Group, 9 de enero de 2018, www.nbcnews.com/better/health/smiling-can-trick-your-brainhappiness-boost-your-health-ncna822591. Consultada el 21 de febrero de 2018.

3. Laukka, Petri, et al. «In a Nervous Voice: Acoustic Analysis and Perception of Anxiety in Social Phobics' Speech». *Journal of Nonverbal Behavior,* vol. 32, n.º 4, 18 de julio de 2008, pp. 195–214, doi:10.1007/s10919008-0055-9.

4. Kraus, Michael W. «Voice-Only Communication Enhances Empathic Accuracy». *American Psychologist,* vol. 72, n.º 7, 2017, pp. 644–654. Consultada el 21 de febrero de 2018.

5. Mayhew, William J., y otros. «Voice Pitch and the Labor Market Success of Male Chief Executive Officers». *Evolution and Human Behavior*, vol. 34, n.º 4, julio de 2013. Consultada el 21 de febrero de 2018.

6. Klofstad, Casey A., y otros «Sounds Like a Winner: Voice Pitch Influences Perception of Leadership Capacity in Both Men and Women». *Proceedings of the Royal Society of London B: Biological Sciences*, The Royal Society, 14 de marzo de 2012, rspb.royalsocietypublishing.org/ content/279/1738/2698.article-info. Consultada el 21 de febrero de 2018.

7. Gardner, Bill. «From 'shrill' housewife to Downing Street: the changing voice of Margaret Thatcher». 25 de noviembre de 2014. https://www.telegraph. co.uk/ news/politics/11251919/From-shrill-housewife-to-Downing-Street-the-changing-voice-of-Margaret-Thatcher.html. Consultada el 5 de mayo de 2018.

8. Finder, Robert L. Jr. *The Financial Professional's Guide to Communication: How to Strengthen Client Relationships and Build New Ones.* (Pearson FT Press, 2012).

9. Gonçalves, Gláucia Renate. «Some Crucial Elements of Learning Ecologies of Linguistic Contagion». *New Challenges in Language and Literature,* by Tim Murphey, FALE/UFMG, 2009, pp. 129–147.

10. Dunn, Thom. «What Is 'Vocal Fry,' and Why Doesn't Anyone Care When Men Talk like That?» *Upworthy*, 28 de julio de 2015, www.upworthy. com/ what-is-vocal-fry-and-why-doesnt-anyone-care-when-men-talklike-that. Consultada 21 febrero 2018. Ver también: Glass, Ira, y otros, «If You Don't Have Anything Nice to Say, SAY IT IN ALL CAPS». *This American Life*, 23 de enero de 2015, www.thisamericanlife.org/radio-archives/episode/545/if-you-dont-have-anything-nice-to-say-say-it-in-all-caps?act=2#play. Consultada el 21 de febrero de 2018.

11. Anderson, Rindy C., y otros. «Vocal Fry May Undermine the Success of Young Women in the Labor Market». *PLOS ONE*, Public Library of Science, 28 de mayo de 2014, journals.plos.org/plosone/article?id=10.1371%2Fjournal. pone.0097506. Consultada el 21 de febrero de 2018.

Capítulo 7

1. Croston, Glenn. «The Thing We Fear More Than Death». *Psychology Today*, Sussex Publishers, 29 de noviembre de 2012, www.psychologytoday.com/blog/

the-real-story-risk/201211/the-thing-we-fear-more-death. Consultado el 21 de febrero de 2018.

2. Winch, Guy. «10 Surprising Facts About Rejection». *Psychology Today*, Sussex Publishers, 3 de julio de 2013, www.psychologytoday.com/blog/thesqueaky-wheel/201307/10-surprising-facts-about-rejection. Consultado el 21 de febrero de 2018.

3. DiSalvo, David. «Chew Yourself a Better Brain». *Forbes*, 8 de marzo de 2012, https://www. forbes.com/sites/daviddisalvo/2012/03/08/chew-yourselfa-better-brain/#77afddaa4dd6. Consultado el 28 de abril de 2018.

4. No realices este ejercicio si tienes una afección médica que te impediría hacerlo de manera segura o si tu médico te ha aconsejado que no realices dicha actividad.

5. Kay, Katty y Claire Shipman. *The Confidence Code: The Science and Art of Self-Assurance—What Women Should Know*. HarperCollins, 2014.

6. Creswell, J. D., y otros. «Affirmation of Personal Values Buffers Neuroendocrine and Psychological Stress Responses». *Psychological Science*, vol. 16, n.° 11, 16 de noviembre de 2005, pp. 846–851.

Capítulo 9

1. *Amor sin escalas*. Dir., Jason Reitman. Interpretada por, George Clooney, Vera Farmiga y Anna Kendrick. Paramount Pictures, 2009. DVD.

2. McAlone, Nathan. «These 5 Harvard Business School students built an app to help you sound more confident when you speak». 12 de mayo de 2016. www.businessinsider.com/ummo-app-tracks-your-speech-2016-5. Consultada el 28 de abril de 2018.

3. «Myo Gesture Control Armband». *Myo Gesture Control Armband | Wearable Technology by Thalmic Labs*, www.myo.com/. Consultada el 21 de febrero de 2018.

4. Duarte, Nancy. *slide:ology: The Art and Science of Creating Great Presentations*. (Beijing: O'Reilly, 2009).

5. Reynolds, Garr. *Simple Ideas on Presentation Design and Delivery*. (Berkeley (Estatu Batuak) : New Riders, 2008).

6. Kawasaki, Guy. *El Arte de empezar 2.0: la guía definitiva para empezar cualquier negocio en un mundo 2.0* (Barcelona: Deusto, 2017).

7. superapple4ever. «Steve Jobs Introducing the iPhone At MacWorld 2007». *YouTube*, 2 diciembre 2010, www.youtube.com/watch?v=x7qPAY9JqE4. Consultada el 21 de febrero de 2018.

8. Tufte, Edward. «PowerPoint Does Rocket Science—and Better Techniques for Technical Reports». *Edward Tufte Forum*, www.edwardtufte.com/bboard/q-and-a-fetch-msg?msg_id=0001yB. Consultada el 21 de febrero de 2018.

9. «Tony Robbins Live on Stage as a Humagram». *ARHT Media*, ARHT Media Inc., 20 de junio de 2015, www.arhtmedia.com/blog/tony-robbins-liveon-stage-as-a-humagram/. Consultada el 21 de febrero de 2018.

Capítulo 11

1. Courville, Roger. *The Virtual Presenter's Handbook.* (CreateSpace Independent Publishing Platform, 2009).

2. Nishiyama, Kazuo. *Doing Business with Japan: Successful Strategies for Intercultural Communication.* (Latitude 20, 2000).

3. Woolstenhulme, Martin. «Mark Zuckerberg Speaks Chinese (traducción inglesa)». *YouTube*, 23 de octubre de 2014, https://www.youtube.com/ watch?-v=8Xpdhbh_2Rc. Consultada el 17 de junio de 2018.

Capítulo 12

1. Hewlett, Sylvia Ann. *Executive Presence: The Missing Link between Merit and Success.* (Nueva York: HarperBusiness, 2014).

2. Cialdini, Robert B. *Influence: The Psychology of Persuasion, Revised Edition.* Harper Business, 2006.

3. Hedges, Kristi. *The Power of Presence: Unlock Your Potential to Influence and Engage Others.* (Nueva York: AMACOM, 2017).

Capítulo 13

1. Ganz, Marshall. «Public Narrative, Collective Action, and Power». *Digital Access to Scholarship at Harvard*, 2011, nrs.harvard.edu/urn3:HUL.InstRepos:29314925. Consultada el 21 de febrero de 2018.

2. «Dalai Lama Quotes». *BrainyQuote*, Xplore, www.brainyquote.com/ quotes/ dalai_lama_393080. Consultada el 21 de febrero de 2018.

3. Whitman, Gordon. *Stand Up! How to Get Involved, Speak Out, and Win in a World on Fire.* (Nueva York: Berrett-Koehler Publishers, 2018).